第4位	感染症の歴史への影響
第5位	新型コロナウイルス感染症の経済への影響
第6位	九州などの豪雨災害
第7位	テレワークの普及と問題点
第8位	新型コロナウイルス感染症による社会の分断
第9位	イギリスのEU離脱
第10位	東京オリンピック・パラリンピックの延期
第11位	外国人観光客が事実上ゼロに
第12位	デマ、フェイクニュースの氾濫(はんらん)
第13位	新型コロナウイルス感染症による差別の横行
第14位	地球温暖化とその対策
第15位	オンライン授業と教育格差の拡大
第16位	少子高齢化と人口減少
第17位	民族共生象徴(しょうちょう)空間(ウポポイ)が開業
第18位	感染症の科学的な知識
第19位	中国に依存したサプライチェーンの見直し
第20位	休校・休業などによる食品ロスの増加

番外　安倍首相が辞任、菅義偉氏が首相に

p.22

8月28日、持病が再発したためだとして辞任する意思を表明する安倍首相。北朝鮮による日本人拉致問題を解決できなかったことは「痛恨の極み」だと語り、涙を見せた

9月16日、この日召集された臨時国会で第99代内閣総理大臣に指名され、一礼する菅義偉氏（中央）

第1位　レジ袋の有料化

愛媛県伊方町の海岸に打ち上げられた大量のプラスチックごみ（2020年5月29日撮影）。レジ袋有料化には、こうした海洋プラスチックごみを減らすことへの意識を高めるねらいがある

p.38

第2位　アメリカと中国の対立が激化

習近平国家主席（左）を中心とする中国政府が香港の民主化運動への締めつけを強めていることも、アメリカとの対立の原因になっている。6月30日、政府は香港国家安全維持法を施行したが、その翌日には、それに抗議する大規模なデモが発生した（下）

p.70

第3位　アメリカ大統領選挙

8月12日、副大統領候補にカマラ・ハリス氏（右）を選んだことを明らかにして、ともに会見する民主党のジョー・バイデン氏（左）

p.74

私立中学校の先生に聞きました
小学生に知っておいてほしいニュースTOP20

受験生へのメッセージ！

● これからの未来をつくるみなさんには、世界で起きていることにアンテナを張ってほしい――そんな想いをこめて時事問題を出題しています。だれもが大きな環境の変化を経験した2020年は、ニュースにふれる機会がいつも以上にあったことでしょう。あなたはどんなニュースに興味を持ちましたか？　自分なりの「なぜだろう？」から始めて、調べたり、他の人の意見を聞いてみたり…ニュースを「知る」「深める」「広げる」学習から、世界は広がります。
（神奈川県　湘南白百合学園中）

● レジ袋有料化や最高気温の話題など、生活に身近なニュースはぜひ知っておいてほしいです。コロナ関連ではニュースを通して、経済活動の自由、経済への影響、国政と地方自治などについて考えるきっかけとしてほしいです。
（東京都　吉祥女子中）

● 学校での勉強の目的の1つは、過去の学術の成果を学び、未来の幸せのためにその良いところを継承・発展させることにあると思います。今、目の前で起きていることを正しく認識し、日々の勉強で得た知識を上手に連携できる人になってほしいです。
（奈良県　西大和学園中）

● 最近、話題になったできごとを「知る」「理解する」だけでなく、当事者として、自分自身と関わりのある問題としてとらえ、それを少しでも解決に導こうとする姿勢を持ちながら、時事問題やニュースをながめてほしいと考えています。
（茨城県　江戸川学園取手中）

● 時事問題で問われるのは、教科書に「解答」の出ていない問題です。教科書で勉強しておしまいにするのではなく、それを自分の問題としてとらえることや、今、自分の身の回りで起こっている問題に「なぜだろう」と問いかける姿勢が大切です。時事問題を出題するのは、その姿勢や意欲を持った人に入学してほしいからです。
（大阪府　四天王寺中）

● 時事問題を出題するのは、ニュースをひとごとではなく、自分のこととしてとらえてほしいからです。たとえば新型コロナウイルス感染症の流行で学校がお休みになったこと、マスク不足など、あなた自身が経験したことが、社会全体にどのような影響をもたらしたのかを、ニュースを通して感じてもらえると、社会科という科目がもっと好きになれるかもしれませんよ！
（東京都　国学院大学久我山中）

第4位　感染症の歴史への影響　p.14, 138

第5位　新型コロナウイルス感染症の経済への影響　p.24

第6位　九州などの豪雨災害

記録的な豪雨で球磨川があふれ、冠水した熊本県人吉市の市街地（7月4日撮影）
p.40, 88

第7位　テレワークの普及と問題点　p.42

第8位　新型コロナウイルス感染症による社会の分断　p.24

第9位　イギリスのEU離脱

イギリスがEUから離脱する1月31日、ロンドンの議会前広場で国旗を掲げて離脱を祝う人々
p.76

第10位 東京オリンピック・パラリンピックの延期

2021年に延期された東京オリンピックの開幕日は7月23日。そのちょうど1年前の2020年7月23日、「あと365日」と表示されたカウントダウンクロックを見る通行人（JR東京駅前で）

 p.32

第11位 外国人観光客が事実上ゼロに

2019年までは外国人観光客などでにぎわっていた東京・浅草の仲見世通りも、緊急事態宣言発令中は、ほぼ無人に（4月19日撮影）

 p.44

第12位 デマ、フェイクニュースの氾濫

p.28

第13位 新型コロナウイルス感染症による差別の横行

p.28

私立中学校の先生に聞きました
小学生に知っておいてほしいニュースTOP20

受験生へのメッセージ！

● 新型コロナウイルス感染症について、みなさんはある意味「歴史の目撃者」です。さまざまな角度から考えてみてください。
（神奈川県　日本女子大学附属中）

● テストの点数を取るための学習にとどまらず、広く社会に関心を持ち、将来「社会に献身」するための素養を身につけていってもらえたらと考えています。
（京都府　洛南高等学校附属中）

● 日々のニュースで目にする情報について、その出典（情報の元となるもの）を意識してみましょう。だれかからのまた聞きなのか、自ら入手した情報なのかを区別できるようになると、世界の見方が変わると思います。
（東京都　渋谷教育学園渋谷中）

● 一人ひとりの行動が社会全体を動かす力になっていることを知り、常に「自分ならどうするか」を考え、行動できる人になってほしいと考えています。
（愛知県　海陽中等教育学校）

● 学習には、大きく2つの流れがあります。1つは、歴史（過去）をひもとき、現在を知ること。もう1つは、現在をひもとき、未来を探ることです。時事問題に取り組むということは、この2つの流れを重ね合わせた深い学びです。
（東京都　日本大学第二中）

● ニュースは自分たちの生活につながっています。どのようにつながっているか、食事のときなどに家族で話題にするとよいかもしれません。ラジオのニュースを日常の中で流すと、耳から情報が入ります。また、テレビのそばに地図帳を置いて、ニュースで取り上げられた場所を確認するのもよいでしょう。
（東京都　東洋英和女学院中）

● 時代はグローバルからグローカルに。地球規模でものごとを考え、地域にも目を向けた行動ができる人になってもらいたいと願っています。合格のためだけの勉強にならず、志に気づき、世のため人のために活躍できる人になることにつながる学習にしてもらいたいです。
（東京都　足立学園中）

● 未来が予測不可能であるからこそ、現代をよく理解し、次に何をなすべきかを考えていく姿勢が重要だと思います。その意味で、アンテナを高く張り、さまざまな情報をキャッチする力を育てることは、この後の社会を生きぬくうえで必要な素養となります。がんばってください。
（北海道　函館ラ・サール中）

第14位　地球温暖化とその対策

旧ソ連を除くヨーロッパの最高峰として知られるアルプス山脈のモンブランでも、氷河が縮小しているといわれる。フランスのマクロン大統領は2020年2月、その様子を視察し、気候変動の影響から生物多様性を守るため、入山規制に踏み切る考えを明らかにした

p.38

第15位　オンライン授業と教育格差の拡大

p.46

第16位　少子高齢化と人口減少

p.48

第17位　民族共生象徴空間（ウポポイ）が開業

国立アイヌ民族博物館を核とする民族共生象徴空間（ウポポイ）には、「チセ」と呼ばれる伝統的な家も建てられている。開業前日の7月11日、その前で担当者から説明を受ける菅義偉内閣官房長官（当時）、鈴木直道北海道知事ら

p.66

第18位　感染症の科学的な知識

p.82

第19位　中国に依存したサプライチェーンの見直し

p.50

第20位　休校・休業などによる食品ロスの増加

p.52

2020年 理科ニュース

こんなに小さいコロナウイルス

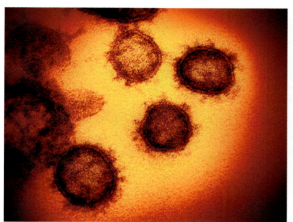

現在流行している新型コロナウイルス

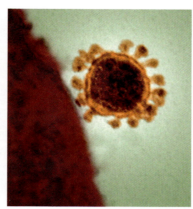

コロナウイルスの一種である中東呼吸器症候群（MERS）のウイルス

電子顕微鏡で見ると、このように表面に王冠状の突起があるのがわかるので、「コロナウイルス」といわれる。「コロナ」とはギリシャ語で「王冠」の意味（写真は見やすくするために着色されている）。

さまざまな感染症を引き起こす**細菌**や**ウイルス**は、とても小さなものです。細菌の大きさは、「マイクロメートル（μm）」という単位

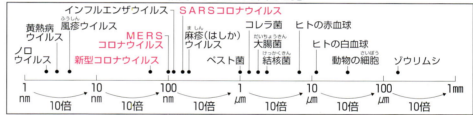

で表します。1μmは1mの100万分の1、つまり1mmの1000分の1です。

ウイルスは細菌よりさらに小さく、その大きさは、「ナノメートル（nm）」という単位で表します。1nmは1mの10億分の1、つまり1μmの1000分の1です。

千葉県習志野市に隕石が落下

7月2日午前2時32分ごろ、関東地方で「**火球**」と呼ばれる明るい流星が西から東に流れるのが見られました。流星とは、宇宙をただよっているちりなどが地球の大気圏に突入するときに、大気中で高温になり、明るく光るものです。そのほとんどは、地表に達するまでに燃え尽きてしまいますが、ときには地表まで落下するものがあります。それが「**隕石**」です。

この火球が目撃されたころ、千葉県習志野市のあるマンションの住民は、ガーンという大きな音を聞いたそうです。そのマンションの敷地内で見つかった石を国立科学博物館で調査した結果、宇宙線を浴びたときにできる放射性物質が含まれていたことから、最近、宇宙空間を飛んだ隕石であるとわかりました。

習志野市で発見された隕石。落下時の衝撃で2つの破片に割れており、重さはそれぞれ63gと70g。2つを合わせた幅は5cmほどだった。最初に発見された破片（左）と2番目に発見された破片（右）とで色が異なるのは、2番目の方は雨と外気に2日間さらされ、隕石に含まれる鉄がさびて茶色くなったため。

（画像提供：国立科学博物館）

7

| 特集 | 新型コロナウイルスによる「パンデミック」が発生 |

左：2020年1月1日午前0時、東京・渋谷のスクランブル交差点に繰り出して新年を祝う人々
右：2020年4月19日、緊急事態宣言発令中の渋谷の同じ場所

中国の武漢市で最初に発生

　武漢市は中国の中部、長江の中流に位置する湖北省の中心都市です。中国を南北に縦断する鉄道と、東西に横断する鉄道とが交差する交通の要所であり、兵庫県くらいの面積に、約1100万人が住んでいます。そんな大都市で、2019年末ごろから、新型の肺炎の発生が報告されました。2020年1月になって、その原因は新型のコロナウイルスとわかったので、中国政府は、国内外へのさらなる拡散を防ぐため、1月23日から、武漢市に通じる交通機関を止め、「封鎖」に踏み切りました。

　世界保健機関（WHO）は2月、この新型肺炎を「COVID-19」と命名しました。「CO」は「コロナ」、「VI」は「ウイルス」、Dは「病気」という意味の英語の頭文字です。「19」は2019年に発見されたということです。

「コロナウイルス」とは？

　感染症を引き起こす病原体には、大きく分けて、細菌とウイルスとがあります。コロナウイルスには、たくさんの種類がありますが、いずれも電子顕微鏡で見ると、表面に王冠（コロナ）状の突起があるため、こう呼ばれます。風邪の原因の10～15％（流行期には35％）は、4種類のコロナウイルスだとされています。

　しかし、近年になって新たに人に感染し、重大な病気を引き起こすようになったコロナウイルスもあ

1月23日、封鎖された武漢市の漢口駅前での消毒作業

特集　新型コロナウイルスによる「パンデミック」が発生

ります。1つは、2002～03年に流行した「重症急性呼吸器症候群（ＳＡＲＳ）」のウイルスです。コウモリから他の動物を経て、人に感染したと考えられています。もう1つは、2012年に発見された「中東呼吸器症候群（ＭＥＲＳ）」のウイルスです。これは、ヒトコブラクダから人に感染したとされていますが、もともとは、やはりコウモリの体内にあったものではないかと考えられています。

　今回の「ＣＯＶＩＤ－19」を引き起こすウイルスも、もともとはコウモリの体内にあったもので、それが他の動物を経て、人に感染したのではないかと考えられています。「ＣＯＶＩＤ－19」は病気の名称で、ウイルスそのものの名称は、「ＳＡＲＳ－ＣｏＶ－2」です。ＳＡＲＳのウイルスと似ている点も多いからです。ＳＡＲＳやＭＥＲＳと比較したＣＯＶＩＤ－19の特徴は、軽症の人、感染しても症状が出ない人が多いことです。だからこそ、感染者が自由に動き回って他の人に感染を広げてしまうおそれがあるため、毒性の強いウイルスよりも、かえって封じこめるのが困難なのです。

　このように近年は、次々に新たな感染症が発生していますが、その原因は、人間が森林などを開発して、野生動物のすみかに入りこむようになったためではないかといわれています。それまでは野生動物の体内にあったウイルスが、人に感染する機会が増えているのです。1976年に初めて確認されて以後、アフリカ各地で発生が相次いでいるエボラ出血熱も、そのようなウイルスの1つだといえるでしょう。

　こうした危険なウイルスが人に感染すると、グローバル化により国境を越えた人の移動が活発になっている現代では、またたく間に世界中に広がってしまう可能性があります。

細菌とウイルスの違い

　感染症を引き起こす病原体には大きく分けて、細菌とウイルスとがあります。細菌は自力で増殖できる、独立した生物です。カビなどからつくられる抗生物質が効きます。一方、ウイルスは生きた生物の細胞を乗っ取って、その中でしか増殖できません。通常、生物とはみなされず、抗生物質は効きません。

　ということは、天然痘ウイルスのように人にしか感染しないウイルスは、感染した人が世界のどこにもいなくなったら、根絶されたということができるのです。しかし、新型コロナウイルスを含むほとんどのウイルスは、人にも動物にも共通して感染します。感染した人がいなくなっても、また新たに動物から感染するかもしれないので、根絶させるのは非常に困難ということになります。

　また、ウイルスは自力では増殖できないのですから、感染した生物の致死率があまりにも高すぎるウイルスは、実は生き残るのに不利だともいえ、仮に発生しても、すぐに死滅してしまいます。ところが、人間は都市に密集して住むようになり、家畜も密集して飼われるようになりました。そうなると、毒性が強いウイルスでも、次々に他の人や動物に感染できるので、生き残るチャンスが生まれてしまいます。つまり、人間が大都市に密集して住むようになったこと、畜産が産業化され大規模に行われるようになったことが、感染症のリスクを増大させているともいえるのです。

細菌とウイルスの比較

	細菌	ウイルス
自力で増殖できるか	できる	できない
抗生物質	効く	効かない
おもな感染症	ペスト、コレラ、結核	インフルエンザ、麻疹（はしか）、風疹、天然痘、狂犬病、黄熱病、エボラ出血熱、ＡＩＤＳ、ＳＡＲＳ、ＭＥＲＳ
大きさ	0.5～3μm（光学顕微鏡で見える）	10～200nm（電子顕微鏡でないと見えない）

1000nm（ナノメートル）＝1μm（マイクロメートル）　1000μm＝1mm

全世界に感染が拡大、「パンデミック」に

日本では2月、横浜港に入港した「ダイヤモンドプリンセス」というクルーズ船での集団感染のニュースが連日報道されていましたが、まだ感染は中国でのできごとだと思っていた人も少なくなかったようです。しかし、当時の安倍晋三首相は2月26日、多くの人が集まるイベントは今後2週間、中止、延期、または規模を縮小するよう要請し、翌27日には、**全国のすべての小学校・中学校・高等学校に対して、3月2日からの休校を要請**しました。これには賛否両論がありましたが、一気に緊張感が高まりました。

3月11日には、WHOが**「パンデミック」**を宣言しました。「パンデミック」というのは、ある感染症が世界的に広がって、コントロールがきかない状態になったということです。

3月13日には、さらに事態が悪化した場合に備えて、2012年に制定された**「新型インフルエンザ等対策特別措置法」**が改正されました。この法律は、政府が**「緊急事態宣言」**を出したとき、都道府県知事は、外出の自粛を要請したり、さまざまな業種の休業を要請・指示したりできるという内容です。この法律をインフルエンザだけでなく、新型コロナウイルス感染症にも適用できるようにしたのです。

2月7日、横浜港に停泊したクルーズ船「ダイヤモンドプリンセス」に乗りこむ防護服姿の医療関係者

3月11日、新型コロナウイルス感染症の流行が「パンデミック」の状態になったと宣言するWHOのテドロス事務局長

感染防止対策の徹底を呼びかけ

新型コロナウイルスは、「接触感染」または「飛沫感染」するとされています。接触感染とは、体が直接接触するか、ウイルスのついている物に触れるかして感染することをいいます。飛沫感染とは、せきやくしゃみで飛び散った、ウイルスが含まれる細かい水滴から感染することです。

そのため、**マスクの着用、手洗いの徹底**が呼びかけられました。電車のつり革、階段の手すり、エレベー

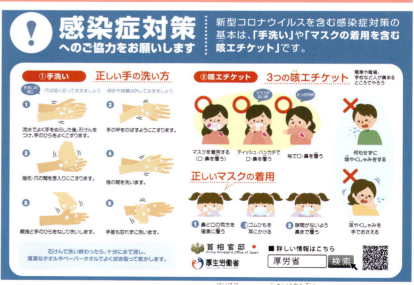

感染防止のための正しい手の洗い方などを啓発する、首相官邸が作成したチラシ。ホームページからダウンロードして自由に利用してよいとされた（首相官邸HPより）

特集　新型コロナウイルスによる「パンデミック」が発生

ターのボタン、ドアノブなどについたウイルスは、かなりの時間、感染する力を持ち続けるとされ、そのような場所に触れた手で、目や口にさわると感染するおそれがあります。幸い、ウイルスはアルコールに触れると不活性化されるので、手や指のほか、人が手で触れる可能性がある場所もアルコールで消毒することなどが呼びかけられました。

海外では日本と異なり、法律的な強制力を持って人の移動や経済活動を止める「ロックダウン（都市封鎖）」が行われた。イタリア・ローマの「スペイン広場」も無人に（3月12日）

日本の対策は、「クラスター」と呼ばれる感染者の集団を追跡し、それを1つ1つつぶしていくことが中心でした。「クラスター」とは、本来は、ぶどうなどの「房」という意味です。集団感染が発生したのは、おもに病院や高齢者福祉施設でしたが、ほかにカラオケボックス、ライブハウス、スポーツジムなどでも発生しました。これらに共通する特徴は、換気の悪い「密閉」された空間に、人が「密集」していて、手を延ばせば届くほどの距離で、「密接」な会話、発声が行われることです。そのため、人どうしが社会的距離（ソーシャルディスタンス）を保つとともに、会話をするときもマスクを着用するなど、感染しない、させないための対策が呼びかけられたのです。

3月25日、緊急会見で、このままでは爆発的な感染拡大が起こると警告する小池百合子東京都知事

日本でも「緊急事態宣言」を発令

緊急事態宣言が発令されると、経済活動のかなりの部分が止まることになるため、たくさんの人の生活に重大な悪影響を与えるおそれがあります。そのため政府は、発令に慎重でしたが、感染を恐れ、強い対策を求めるようになった世論に影響されたのか、4月7日、東京・神奈川・埼玉・千葉・大阪・兵庫・福岡の7都府県について発令に踏み切りました。これにより、各都府県知事は、法的根拠をもって、外出の自粛や休業を要請できるようになりました。休業要請の対象になったのは、生活に必ずしも必要ではない物を売る店、多くの人が集まる施設などでした。

緊急事態宣言の発令は、「医療崩壊」を避けるためでもあると説明されました。医療崩壊とは、一度に

休業要請の対象になった業種、対象外になった業種の例（東京都の場合）	
休業要請の対象	インターネットカフェ、カラオケボックス、ライブハウス、大学、塾、スポーツクラブ、パチンコ店、テーマパーク、遊園地、映画館、博物館、美術館、図書館、水族館、動物園など
休業要請の対象外	保育所、学童クラブ、病院、薬局、コンビニエンスストア、スーパーマーケット、百貨店・ホームセンター（生活必需品売り場）、飲食店、ホテル・旅館、バス、タクシー、鉄道、航空機、宅配サービス、工場、銀行、役所、理髪店、美容院、銭湯、郵便局、書店、家電販売店など

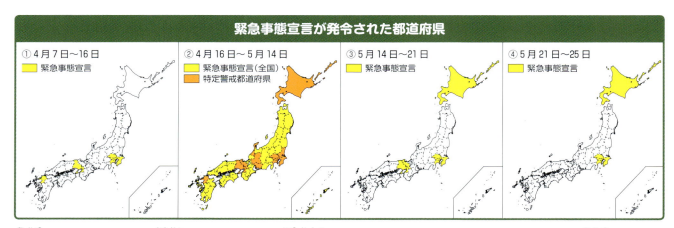

非常に多くの感染者・患者が出たり、医療従事者自身が感染して働けなくなったりして、治療が追いつかなくなることです。そのような状態になると、別の病気の治療を受けている人も含め、助かる命も助からなくなってしまうので、できる限り、感染者が増えるペースを遅らせるべきだとされたのです。

その後、4月16日には、緊急事態宣言の対象が全国に拡大されました。特定の地域だけで休業を要請し、経済活動を制限すると、その地域の人が他の地域に「疎開」するなどして、地方にも感染を広げるおそれがあるとされたからです。

「都道府県をまたぐ移動の自粛」も呼びかけられ、ゴールデンウィーク中の新幹線の利用者数などは、前年の同じ時期より90％以上も減少しました。緊急事態宣言は、5月25日までにすべて解除され、6月には、「都道府県をまたぐ移動の自粛」要請も解除されましたが、国境を越えた人の移動が大きく制約される状況は、2020年9月の時点でもまだ続いています。

ゴールデンウィーク中も旅行や帰省の自粛が求められ、閑散とした羽田空港（5月2日）

感染防止対策をしながら、経済活動を再開

6月以降は、日本でも海外でも、感染の再燃を警戒しながらも、徐々に経済活動を再開していく方向になっています。学校も段階的に再開されました。治療薬や**ワクチン**ができるまで経済活動を再開すべきではないという意見もありましたが、企業の活動や人々の生活への影響があまりにも大きいため、長期間、経済活動を止めておくことは難しいという判断に至りました。

経済活動を再開するにあたっては、「こまめに手洗いや換気を行う」「他人との身体的距離を保つ」「会話するときや、距離がとれないときはマスクを着用する」などの**「新しい生活様式」**が提唱されました。多くの店などで、飛

客どうしの距離を保つため、レジ前に立ち位置を示すテープがはられたスーパーマーケット（4月20日、埼玉県越谷市で）

特集 新型コロナウイルスによる「パンデミック」が発生

沫防止のシートをレジの前に貼る、来店者の体温を測り、37〜37.5度以上の人は入店を断る、といった対策が行われるようになったのはそのためです。2020年秋の時点では、このようにして感染防止と経済の復興を両立させようとしています。

緊急事態宣言最終日の5月25日、東京・銀座の百貨店の様子。店員はマスクの上にフェイスシールドも着用し、客との間には飛沫防止のシールドを貼って営業していた

6月以降はプロスポーツの試合も再開されたが、このように観客どうしの距離を確保するため、入場者数は制限されている。Jリーグでは9月、上限を5000人から、原則としてそのスタジアムの収容人数の50％に緩和した（9月16日、横浜市の日産スタジアムでの横浜F・マリノス対清水エスパルス戦で）

ワクチンとは

　人の体に病原体などの異物が侵入すると、血液の中の白血球がそれを攻撃し、撃退します。それぞれの異物の目印になる、特定のたんぱく質の分子などを「**抗原**」というのに対して、抗原に対抗して、人の体の中でつくられるのが「**抗体**」です。これは、異物の特徴を書いた「指名手配書」のようなものです。抗体は抗原にくっつき、白血球は、抗体がくっついた状態の異物を攻撃して倒します。つまり、抗体ができていれば、次に同じ種類の異物が侵入したとき、すばやく撃退できるということです。こうしたしくみを「**免疫**」といいます。

　それならば、毒性をなくしたり、弱めたりした病原体をあらかじめ体内に入れて抗体をつくり、病原体の特徴を体に覚えさせておけば、感染や重症化を防げることになります。これが**ワクチン**なのです。

おもな国・地域の新型コロナウイルス感染症による死亡者数（10月7日現在）

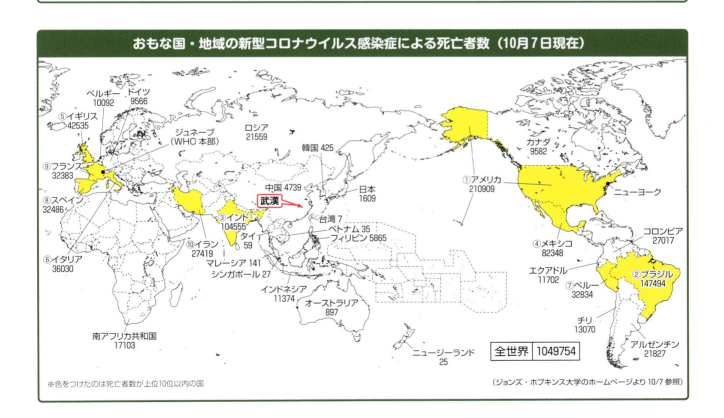

※色をつけたのは死亡者数が上位10位以内の国

（ジョンズ・ホプキンス大学のホームページより10/7参照）

第4位 感染症の歴史への影響

繰り返されるパンデミックの歴史

人類の歴史は、感染症とのたたかいの歴史でもあります。パンデミックは何度も繰り返され、そのたびに多くの犠牲者を出してきました。そして、不安や恐怖にとりつかれた人々は、さまざまな社会現象を引き起こしました。ここでは、歴史的なパンデミックのうち、特に社会への影響が大きかったものについて取り上げます。

1348年ごろ　ペスト（黒死病）

13～14世紀にはモンゴル帝国がユーラシア大陸の大部分を支配していたため、東西の交流がさかんになりました。今でいう「グローバル化」が進んだわけですが、これにより、ペスト菌もアジアからヨーロッパに入ったとみられます。1348年ごろに流行したペストは**「黒死病」**と呼ばれていますが、一説によると、ヨーロッパでは人口の約3分の1が失われたともいわれます。人口が激減したため、領主と農民の力関係も変わり、大きな社会の変化を引き起こしました。また、人間の醜さもあらわになりました。恐怖にとりつかれた人々は、「ユダヤ人」や「魔女」が疫病を広めているとして彼ら、彼女らを迫害しましたが、これは、人類の歴史の汚点の1つともいえます。

ペストは外国から帰ってきた貿易船によってもたらされることがよくありました。そこで、イタリアのベネチアでは、乗組員や積み荷をすぐに上陸させず、港外に留め置いたうえで、40日間、ペストが発生しなければ上陸を認めるという習慣が生まれました。これが現代にもつながる**「検疫」**の起源です。

ペスト患者を診た17世紀の医者の特異な「防護服」。鳥のくちばしのようなマスクに香辛料を詰め、感染を防ごうとしていた

19世紀　コレラ

コレラはもともとはインドの風土病でした。それが19世紀になって、何度もパンデミックを引き起こしたのは、**イギリスがインドを植民地支配**していたことと深い関係があります。インドを拠点としたイギリスの貿易船の活動が活発になり、それがアジアやヨーロッパの各地にコレラをもたらしたと考えられるのです。**イスラム教徒**は、一生に一度は**メッカに巡礼**すべきだとされていますが、イスラム教徒が感染した場合、メッカで他の巡礼者に感染させ、さらに広がっていくということもありました。

コレラは日本にも、江戸時代末から明治時代にかけてたびたび侵入しました。患者は激しい下痢のため脱水症状を起こし、コロリと死んでしまうということで、当時の人々は**「コロリ」**と呼んで恐れました。特に1858年の流行時には、長崎に寄港した外国船で患者が発生したことをきっかけに感染が広がり、江戸だけで10万人以上の死者を出したといわれています。幕末に、外国

汚染された水は危険だと注意を促す当時のポスター

特集　新型コロナウイルスによる「パンデミック」が発生

人は追い払うべきという「攘夷」の思想が広がったのも、外国船がコレラをもたらしたと考えられたことと関係がないとはいえないでしょう。

コレラ菌が発見されたのは1880年代のことなので、それ以前の時代の人はまだ、細菌によって感染することを知りませんでしたが、1850年代にイギリスのジョン・スノウという人が、ロンドンのある地区でコレラ患者の出た家を地図上に示し、患者がすべて、特定の井戸を使っていたことを突き止めました。その井戸はコレラ患者の排泄物が垂れ流されていた場所の近くにありました。つまり、汚染された水を使うと感染することがわかったのです。このため、**下水道の整備**が進められるようになり、**公衆衛生**が大きく改善されるきっかけになりました。

1918～20年ごろ　スペイン風邪（インフルエンザ）

「スペイン風邪」といわれますが、ただの風邪ではなく**インフルエンザ**です。また、スペインで最初に発生したわけでもありません。発生した1918年当時は**第一次世界大戦**中で、各国が情報統制をしており、自国の患者数など、都合の悪い情報を隠していました。ところが、スペインは中立国で戦争をしていなかったため、スペイン発の情報ばかりが世界に流れ、「スペイン風邪」と呼ばれるようになったのです。このスペイン風邪のため、兵士も次々に倒れ、各国とも戦争を続けられなくなりました。

全世界の推定感染者数は5～6億人で、そのうち約4000万人が亡くなったと考えられていますが、1億人という説もあります。死亡率は2.5％程度とされますが、高齢者よりもむしろ若い世代の方が死亡率が高かったのが特徴です。

日本でも、40万人ほどの死者が出ました。原敬内閣の時代でしたが、首相自身も感染しています。当時の新聞記事や広告を見ると、マスク着用や「せきエチケット」が呼びかけられたこと、マスクを不当に高く売ったり、不良品を売りつけたりした者がいたことがわかります。大都市から地方に「疎開」した者もいて、熱海の温泉旅館は廊下にまで人があふれたそうです。また、医療従事者も次々に倒れ、大学病院までが入院を断る事態になりました。「医療崩壊」が起きていたということです。

スペイン風邪流行初期の1918年、アメリカ・カンザス州の陸軍基地キャンプ・ファンストンでは、発熱や頭痛を訴える兵士が急増したため、倉庫が臨時の病棟として使用された。スペイン風邪は、ここから世界に広がったとみられる

マスク着用を呼びかけるスペイン風邪流行当時のポスター（国立保健医療科学院図書館所蔵　内務省衛生局著．流行性感冒．1922.3.）

「看護婦大欠乏」「病院は満員」などと、医療崩壊が起きていたことを伝える当時の新聞記事

（国立国会図書館所蔵）

2002～03年　重症急性呼吸器症候群（SARS）

重症急性呼吸器症候群（SARS）は、**コロナウイルス**の一種が引き起こす新型肺炎で、コウモリから他の動物を経て、人に感染したと考えられています。中国南部で最初に発生し、香港、台湾、ベトナム、シンガポールのほか、遠くカナダのトロントにも広がりました。死亡率は10％程度とやや高く、無症状や軽症の人が動き回って感染を広げるということはなかったため、最終的に死者774人を出して終息しました。

SARS感染防止のために行われた地下鉄の車両の消毒（中国・広州で、2003年4月16日）

2009年～　新型インフルエンザ

豚のインフルエンザウイルスが人に感染したとして、当初は「豚インフルエンザ」ともいわれました。メキシコで最初に発生したため、アメリカ本土・カナダ・メキシコから日本に到着する飛行機の乗客に対しては、降りる前に強制的に健康状態をチェックする「水際作戦」が行われました。それでも関西で、海外への渡航歴のない高校生の感染が続出したことから、大阪府・兵庫県では学校が1週間休校になりました。関西ではマスク姿の人が街にあふれ、他の地域では、関西への旅行自粛が求められました。このときも、コンサートやスポーツ大会の中止、マスク不足といった社会現象があり、感染者の出た学校への嫌がらせも発生しました。

40代以上の人々は、過去に似たタイプのインフルエンザにかかったことがあったためか、感染者は若い世代に集中しました。そのため、学校への影響は大きく、文化祭の外部公開中止などが相次ぎました。しかし、毒性はむしろ従来のインフルエンザより低く、死者は、日本では約200人にとどまりました。今も終息したわけではありませんが、2011年からは、通常の季節性インフルエンザの1つという扱いになっています。これを機に、2012年には**「新型インフルエンザ等対策特別措置法」**が制定されました。この法律が改正され、今回の新型コロナウイルス感染症対策にも適用されたのです。

アメリカから関西空港に到着した便の機内検疫に向かう検疫官（2009年5月2日）

臨時休校となった大阪府寝屋川市の府立高校で、そのことを知らせる紙をはる教師（2009年5月18日）

もくじ

巻頭カラー	TOP 20	小学生に知っておいてほしいニュース TOP20 ……………1
		2020 年　理科ニュース ……………………………7
	特 集	新型コロナウイルスによる「パンデミック」が発生……8
		繰り返されるパンデミックの歴史 ………………………14

第1章
新型コロナウイルス感染症と社会の変化

ひと目でわかる時事イラスト ………………………… 20

みんなで話し合ってみよう！
ウイルスより人間の方が恐ろしい？……………………… 21

1　安倍首相が辞任、菅義偉氏が新首相に ……………… 22
2　経済に大打撃、世界恐慌の再来か？ ………………… 24
3　誤った情報にも影響され、差別や排除が横行……… 28
4　東京オリンピック・パラリンピックが延期に……… 32
5　日本でも全国でレジ袋が有料化 …………………… 38
6　感染警戒のなかで、豪雨などの災害も発生 ……… 40
7　感染防止のため「テレワーク」を推進 …………… 42
8　外国人観光客が事実上ゼロに ……………………… 44
9　「教育を受ける権利」が危機に……………………… 46
10　出生数がついに 90 万人割れ、人口減少が加速 …… 48
11　中国に依存したサプライチェーンは見直しへ……… 50
12　休校・休業で大量の「食品ロス」が発生 ………… 52
13　浮き彫りにされた男女格差 ………………………… 54
14　東京都知事選挙で現職の小池百合子氏が再選……… 56
15　外国人労働者の解雇が続出 ………………………… 58
16　監視社会化に賛否両論 ……………………………… 60
もっと知りたい　国内のトピックス …………………………… 62

第2章
国際社会の動き

ひと目でわかる時事イラスト ………………………… 68

みんなで話し合ってみよう！
差別を許してはならない。歴史から学ぼう ……………… 69

1　アメリカと中国の対立が激化 ……………………… 70
2　世界が注目するアメリカ大統領選挙 ……………… 74
3　イギリスが EU から離脱 …………………………… 76
もっと知りたい　国際社会のトピックス ………………………… 78

第3章
理科ニュース

1　コロナウイルスとはどんなもの？ ………………… 82
2　台風 9 号と 10 号が連続して襲来 ………………… 86
3　「令和 2 年 7 月豪雨」により各地で浸水被害 ……… 88
4　「こうのとり」の最終機が無事に役目を終える …… 90
5　2020 年は夏至の日に部分日食 …………………… 92
もっと知りたい　理科のトピックス ……………………………… 94

2021 年中学入試　予想問題 …………………… 97
時事ニュースマップ ……………………………130
ニュースカレンダー ……………………………134
時事問題に関連する資料のページ ……………………138
2020 年　時事用語解説 ………………………148
2021 年中学入試　予想問題の解答 ……………153
さくいん ………………………………………158

はじめに

　2020年は歴史的な年になりました。新型感染症の世界的な流行により、たくさんの人が命を失い、経済活動や私たちの生活も非常に大きな影響を受けています。多くの人が不安を抱え、これまでの価値観も大きく動揺する状況のなかで、さまざまな情報が、新聞、雑誌、テレビ、ラジオ、インターネットなどで日々大量に流されています。国民の意見が大きく二分されている問題もありますが、双方にそう考える理由があり、どちらかが正しいと決めつけることはできません。ものごとはいろいろな角度から見ることが必要で、そのためには、判断材料となる情報を取捨選択する力が求められます。

　ところが、こうした非常時には、先の見えない漠然とした不安から、事実かどうかわからない情報、科学的根拠のない情報であっても信じてしまいがちです。与えられた情報をうのみにするのではなく、自分の頭でものごとを考えることが、今ほど強く求められているときはないでしょう。

　本書は、あふれる情報のなかから信頼できるもの、重要性の高いものを見極める力がつくように作られています。こうした力を養って、どうするのが正解なのかわからない事態が次々に発生する困難な時代を生きぬいていける人間になってください。そのために本書を役立ててもらえることを願ってやみません。

サピックス小学部
2020年10月

本書の使い方

1 まずはじっくり読んで、ニュースの事実関係、背景、影響を理解していきましょう。写真、地図、グラフなどが各ページに盛りこまれていますので、本文の内容をより具体的に理解するために役立てましょう。

2 本書の巻末には、入試に出題される可能性が高い語句を収録した切り取り式の一問一答カードがついています。カードは点線に沿って切り取ることができ、表が問題、裏が解答になっています。単語帳のような形にして、いつも持ち歩いて頭に入れていきましょう。

3 ニュース解説のページの後には、その内容に即した「2021年中学入試予想問題」があります。2021年の中学入試で出題が予想される内容を扱っていますので、**1**と**2**で培った力をもとに問題演習に取り組みましょう。

　解答用紙は、サピックス小学部の重大ニュース（https://www.sapientica.com/application/activities/gravenews/）または代々木ゼミナールの書籍案内（https://www.yozemi.ac.jp/books/）のページからダウンロードして、A4サイズの用紙に印刷したものを利用しましょう。また、社会の解説も同様にダウンロードすることができます。問題を解いた後の復習に役立てましょう。

　以上の**1**～**3**を終えたとき、ニュースの内容がおもしろく感じられるようになっているでしょう。それとともに、ものごとの真実を見極める力が向上しているはずです。

解答用紙と、社会の解説はサピックス小学部HPまで

新型コロナウイルス感染症と社会の変化

およそ100年前、「スペイン風邪」が流行していた当時の新聞。最近2週間に東京府（現在の東京都）で1300人が死亡したと報じている。医師や看護師も倒れ、入院を断らざるをえない「医療崩壊」が起きていたこともわかる

第1章

ひと目でわかる時事イラスト ……… 20
みんなで話し合ってみよう！ ウイルスより人間の方が恐ろしい? ……… 21

1. 安倍首相が辞任、菅義偉氏が新首相に ……… 22
2. 経済に大打撃、世界恐慌の再来か？ ……… 24
3. 誤った情報にも影響され、差別や排除が横行 ……… 28
4. 東京オリンピック・パラリンピックが延期に ……… 32
5. 日本でも全国でレジ袋が有料化 ……… 38
6. 感染警戒のなかで、豪雨などの災害も発生 ……… 40
7. 感染防止のため「テレワーク」を推進 ……… 42
8. 外国人観光客が事実上ゼロに ……… 44
9. 「教育を受ける権利」が危機に ……… 46
10. 出生数がついに90万人割れ、人口減少が加速 ……… 48
11. 中国に依存したサプライチェーンは見直しへ ……… 50
12. 休校・休業で大量の「食品ロス」が発生 ……… 52
13. 浮き彫りにされた男女格差 ……… 54
14. 東京都知事選挙で現職の小池百合子氏が再選 ……… 56
15. 外国人労働者の解雇が続出 ……… 58
16. 監視社会化に賛否両論 ……… 60

もっと知りたい 国内のトピックス ……… 62

ひと目でわかる時事イラスト

第1章 新型コロナウイルス感染症と社会の変化

体調不良により辞任
安倍晋三前首相
内閣官房長官だった
菅義偉氏にバトンタッチ

新型コロナウイルス対策担当大臣を兼任
西村康稔・経済再生担当大臣

10万円給付を実現させた？
公明党・山口那津男代表

7月の東京都知事選挙で再選
小池百合子・東京都知事

11月に「大阪都構想」の是非を大阪市民に問う住民投票を実施予定
吉村洋文・大阪府知事

困窮した貧困層の救済を訴え、**東京都知事選挙**に立候補
東京オリンピック・パラリンピックは中止を主張
山本太郎
れいわ新選組代表

宇都宮健児
日本弁護士連合会元会長

「棋聖戦」で**渡辺明三冠**を破り
史上最年少（17歳11か月）でタイトル獲得
藤井聡太新棋聖
その後、「王位」のタイトルも獲得し二冠に

11月以降にアメリカの「クルードラゴン」で国際宇宙ステーションへ
野口聡一宇宙飛行士

第1章　新型コロナウイルス感染症と社会の変化

みんなで話し合ってみよう！

「ウイルスより人間の方が恐ろしい？」

今回の新型コロナウイルス感染症について、君たちは、病気にかかることそれ自体が怖い？　それとも、それ以外の影響の方が怖い？

わたしは病気そのものの方が怖いけど、それで仲間外れにされるのも、同じくらい怖いかな。

ぼくは、病気よりも仕事がなくなって、お金もなくなって、貧しくなる方が怖いなあ。

分かれたわね。このように世の中では感染防止が最優先か、可能な限りふだん通りの経済活動をすべきかで、意見の対立もみられるのよ。

外出自粛や休業要請の影響で、たくさんの人が仕事を失ったけれど、その多くは、非正規雇用者、外国人、女性といった弱い立場の人だったね。

私たちはオンラインで授業を受けることができたけど、日本にも世界にも、貧しくてパソコンなどを持っていなくて、教育を受けられなくなった子どもがたくさんいるんだって。

文化祭も運動会も修学旅行もすべてなくなったよ。人間どうしが直接ふれあうのはそんなに悪いことなんだろうかと疑問に思った。人間はＡＩじゃないのにね。

一時的に人との接触を避けるのは仕方ないかもしれないけど、パソコンやスマホの画面に向かって情報をやりとりするだけの生活が、人間らしいといえるかな。「本当に人間らしい生き方とは？」ということも考えさせられたね。

感染した人を責めるような雰囲気は、何とかしなきゃならないわね。いじめや差別につながるよね。

そう、病気を恐れるあまり、人権感覚がまひしているところがあるわ。これまで「人権は何よりも大切」と主張してきたはずの人が「自粛」しない人への非難を肯定しているともとれる発言をしていたり。

本当に、おかしいのではないかと思わせることがたくさんあったよね。今回起きた感染者の差別、大都市から来た人の排除などは、ペストやスペイン風邪など、過去の感染症の流行のときもあったことなんだ。それを知っていれば、「ああ、人間はまた同じ過ちを繰り返しているな、気をつけなければならないな」とわかる。

本当に怖いのはウイルスではなく、人間なのかもしれませんね。

今回と同じようなことは、君たちが大人になってからもあると思う。だから今は、身の回りをよく見て、どんなことが起きたか、覚えておいてほしいな。

1 安倍首相が辞任、菅義偉氏が新首相に

約7年8か月続いた長期政権がついに終わる。後任は内閣官房長官だった菅義偉氏

9月14日、自由民主党の新総裁に選ばれた菅義偉氏（右）から花束を渡される安倍晋三前総裁（左）

8月28日、**安倍晋三首相（自由民主党総裁）**は記者会見を開き、**新型コロナウイルス感染症**についてのこれからの政府方針を述べた後、持病の潰瘍性大腸炎が悪化したとして、内閣総理大臣を辞任する意思を明らかにしました。これを受けて、自由民主党では9月14日に総裁選挙を行い、新総裁に**菅義偉氏**を選出しました。そして9月16日には**臨時国会**で、菅氏が**与党の自由民主党と公明党**の支持を得て、第99代の内閣総理大臣に指名され、その日のうちに菅内閣を発足させました。

持病が悪化し、志半ばで辞任することに

8月28日午後5時から行われた安倍首相の会見では、まず新型コロナウイルス感染症についてふれられました。感染防止と社会経済活動との両立は十分に可能だとして、政府としては、今後は経済の復興にかじを切る方針であることを明らかにしました。そのうえで、持病の潰瘍性大腸炎が悪化したため、体調不良により判断を誤るようなことがあってはならないと考え、内閣総理大臣の職を辞することを決意したと述べました。さらに、**朝鮮民主主義人民共和国（北朝鮮）による日本人拉致問題**を解決できなかったことは「痛恨の極み」で、**ロシアとの平和条約締結**や**憲法改正**を成しとげられずに辞任することになったのは「断腸の思い」だと語りました。

安倍首相は、8月24日に連続在職2799日となり、**佐藤栄作首相**（在職1964～1972年）の2798日をぬいて、歴代単独1位となったばかりでした。安倍首相の母方の祖父は**岸信介首相**（在職1957～1960年）で、その弟が佐藤栄作首相です。こうして、2012年12月から約7年8か月続いた安倍内閣は終わることになりました。

自民党総裁選挙とは

内閣総理大臣（首相）を辞めるということは、自由民主党（自民党）の総裁も辞めるということです。**自民党が中心になって政権**

連続在職日数の長い首相

安倍晋三（第2次内閣以降）	2012年12月26日～2020年 9月16日（2822日）
佐藤栄作	1964年11月 9日～1972年 7月 7日（2798日）
吉田茂（第2次内閣以降）	1948年10月15日～1954年12月10日（2248日）
小泉純一郎	2001年 4月26日～2006年 9月26日（1980日）
中曽根康弘	1982年11月27日～1987年11月 6日（1806日）

を担っているときは、その総裁が首相になるのが慣例だからです。そこで、次の自民党総裁を決める選挙が行われることになりました。事実上、次の首相を決める選挙ですが、総裁とは国の役職ではなく、あくまでも自民党という組織のトップなので、党員・党友（党を支援している団体のメンバーなど）ではない一般国民は投票できません。

立候補したのは、2012年12月の第2次安倍内閣発足以来、内閣官房長官として首相を支えてきた菅義偉氏、2012年と2018年の総裁選挙で2度安倍氏に敗れている石破茂氏、そして岸田文雄氏の3人でした。本来は、一般の自民党員も投票するのですが、今回は、総裁の任期途中での辞任という、いわば「非常事態」なので、一般党員の投票は省略し、自民党に所属する国会議員（394票）と、47都道府県の代表（47×3＝141票）の投票で決めることになりました。9月14日に行われた両院議員総会での投票の結果、菅

安倍内閣の7年8か月のあゆみ	
2012年12月	衆議院議員総選挙で自民党が勝利し、民主党から政権を奪回。第2次安倍内閣が発足
2013年9月	2020年の夏季オリンピック開催都市が東京に決定
2014年4月	消費税の税率を5%から8%に
2014年6月	改正国民投票法が成立。憲法改正の国民投票で投票できる年齢が、施行4年後から「18歳以上」に
2014年7月	集団的自衛権の行使を条件つきで容認する閣議決定
2015年6月	18歳以上に選挙権を与える改正公職選挙法が成立
2015年9月	集団的自衛権の行使を条件つきで容認した安全保障関連法が成立
2016年5月	伊勢志摩サミット。アメリカのオバマ大統領が広島を訪問
2016年7月	参議院議員通常選挙で、国政選挙では初めて18・19歳が投票
2017年6月	天皇の退位特例法が成立
2018年6月	2022年4月から成人年齢を18歳以上とする改正民法が成立
2019年5月	新天皇が即位。「令和」と改元
2019年10月	消費税の税率を8%から10%に。軽減税率を導入
2020年3月	東京オリンピックの延期が決定
2020年4～5月	新型コロナウイルス感染症で緊急事態宣言を発令
2020年8月	辞意表明
2020年9月	正式に辞任

氏が有効投票534票のうち377票を獲得して圧勝しました。総裁の任期は通常3年ですが、今回選ばれた菅氏が務めるのは、安倍氏の残りの任期（2021年9月末まで）です。その任期満了直前に再び行われる総裁選挙では、別の人物が選ばれる可能性もあるでしょう。

世襲政治家でない自民党の首相は約30年ぶり

これを受けて、9月16日には臨時国会が召集され、菅氏が与党の自民党と公明党の支持を得て、第99代、63人目の内閣総理大臣に指名されました。そして、その日のうちに新内閣を発足させましたが、安倍内閣の閣僚の多くがそのまま留任となりました。

菅氏は安倍前首相より年上の71歳で、1948年12月、現在の秋田県湯沢市で生まれました。地元の県立高校を卒業後に上京し、働きながら大学を卒業しました。自民党の首相で、親も政治家だった「世襲政治家」でないのは、海部俊樹首相（在職1989～1991年）以来、約30年ぶりです。

菅首相は、安倍前首相の政治の方針を継承すると明らかにしていますが、選挙で国民の審判を経ていません。2021年10月には衆議院議員の任期が切れるため、それまでには衆議院議員総選挙が行われることになります。

2 経済に大打撃、世界恐慌の再来か？

小学生に知っておいてほしい ニュースTOP20
第5位 ▶ 新型コロナウイルス感染症の経済への影響
第8位 ▶ 新型コロナウイルス感染症による社会の分断

「人が移動し、接触する」ことを前提とした業種は売り上げが激減し、失業者も発生

週末の外出自粛が呼びかけられ、人の姿が消えた東京の銀座四丁目交差点（3月28日）

　一般的な感染症対策としては、外出の制限、人の移動や接触の制限、人の集まるイベントの制限などが効果的だとされています。しかし、これらは経済に大打撃を与えるものでもあり、長期間続けることはできません。こうした対策によって、景気が極端に悪化すれば、他の原因で死に追いこまれる人も多く出てしまいます。実際に、2020年の国内総生産（GDP）は、日本でも世界でも、前年を大きく下回るとみられます。そのため、感染防止と経済のどちらを優先すべきかをめぐって、日本を含む各国で対立も起きています。

▶ 多くの人が集まる施設は一時閉鎖も

　経済というものは、人が自由に移動し、消費をすることで成り立っています。それを厳しく規制したら、仕事がなくなって困窮する人がたくさん出てしまいます。

　「人が移動する」ことを前提とした業種としては、航空、鉄道、バス、タクシーなどの運輸業や、ホテル・旅館などの宿泊業があります。今回の新型コロナウイルス感染症では、こうした業種が特に大きな打撃を受けました。日本では、これらの業種は休業などは求められませんでしたが、一般の人には外出の自粛が求められたため、客が激減して、ほとんどの会社の経営が悪化しています。売り上げが「前年の同じ時期より1割減少」どころか、「前年の同じ時期の1割」になったところも珍しくないほどです。倒産・廃業に追いこまれた店や会社もあり、仕事を失った人が多く出ました。

　一方、「多くの人が集まる」施設に対しては、緊急事態宣言発令中は軒並み休業要請が出されたため、営業できなくなりました。遊園地やテーマパーク、映画館や劇場などは閉鎖され、スポーツの試合やコンサートも、一時はまったく行われなくなりました。特に危険だとされたのは、どうしても「密閉・密集・密接」の「3密」になってしまう施設です。ライブハウス、カラオケボックス、スポーツジムなどでは、実際にクラスター（感染者の集団）が発生したからです。なお、クラスターとは、もともとはぶどうなどの「房」という意味です。

　このため、人々の物を買う意欲が低下し、消費が大きく減少しました。この状況は海外も同じなので、輸出も落ちこみ、製造業も大打撃を受けています。

国民の間でも意見が対立

　厚生労働省の発表によると、新型コロナウイルス感染症の影響で仕事がなくなるなどして解雇または雇い止めされた人は、10月2日までに6万3000人を超えたことがわかりました。業種別では製造業が1万1000人以上で最も多く、次いで飲食業が1万人以上、小売業が8700人以上、宿泊業が7900人以上となっています。しかし、これは文字通り「氷山の一角」でしかありません。形式的にはまだ解雇されてはいなくても、社内で事実上仕事がなくなっている人は数百万人にものぼるとみられます。事態が長期化すれば、解雇される人はさらに増えていくでしょう。

※ 2011年の完全失業率は岩手・宮城・福島を除く
（総務省の「労働力調査」より）

　今回の新型コロナウイルス感染症は、年齢や住んでいる地域などによって、感染するリスク、死亡するリスクが大きく異なり、それによって考え方も違ってきます。また、これまでの不景気とは異なり、売り上げが激減した業種と、それほどでもなかった業種との差が極端です。逆に売り上げが増えた業種もあります。徹底的に自粛すべき（感染する方が怖いから）か、経済を優先すべき（貧困におちいる方が怖いから）かをめぐって、国民の間に意見の対立が起きたのはそのためです。

2020年の世界の経済は「マイナス成長」か

　国内総生産（GDP）とは、一定の期間内にその国の中で新たに生み出された物やサービスの金額の合計ですが、そのGDPが、同じ長さの前の期間よりどのくらい増えたか減ったかを表す数字が経済成長率です。これがマイナスになったということは、経済活動が低下したということになります。

　国際通貨基金（IMF）は2020年4月の時点で、2020年の世界全体の実質経済成長率はマイナス3.0％になるという見通しを示していましたが、6月には、マイナス4.9％になると予測を修正しました。これは2008年から始まった「リーマンショック」をしのぐ、1930年代の「世界恐慌」並みの経済危機に直面している状況です。

　日本のデータとして、内閣府の発表する実質経済成長率（2次速報値）も見てみましょう。2019年10～12月は、前の3か月より1.8％のマイナスになりました。消費税率が10％に引き上げられた影響が出ています。2020年1～3月は、その良くなかった2019年10～12月に比べても、0.6％のマイナスになりました。そして、緊急事態宣言発令中の期間を含む2020年4～6月は、7.9％のマイナスでした。この状況が続くと、1年間では28.1％ものマイナスになると予測されています。

「世界恐慌」とは？

　ここで、過去の経済危機について振り返ってみましょう。第一次世界大戦（1914～18年）で戦場にならず、ヨーロッパ諸国に物資を輸出して発展したアメリカは1920年代、空前の好景気で繁栄していました。ところが1929年、ニューヨークのウォール街にある株の取引所で株価が大暴落したのをきっかけに不景気の時代に入り、アメリカの失業率は、ピーク時には25％にも達しました。これを「世界恐慌」といいます。「恐慌」というのは、極端な不景気のことです。

　この危機に、イギリス、フランスなどは、自国とその植民地だけで閉じた経済圏をつくり、他の国や地域からの輸入品には高い関税を課すようになりました。このことを「ブロック経済」といいます。これにより輸出が困難になっていった日本、ドイツ、イタリアなどが、このような世界の秩序をくつがえそうとしたことが、第二次世界大戦の原因の一つにもなったのです。そのため戦後の世界では、自由貿易が推進されるようになりました。

大恐慌のさなか、ニューヨーク市の臨時の仕事を求めて、午前5時から長い列を作ったおよそ5000人の失業者たち（1933年11月）

石油危機とバブル経済の崩壊

　1973年の第一次石油危機（オイルショック）は、イスラエルと周辺のアラブ諸国との第四次中東戦争がきっかけでした。このときアラブ諸国は、イスラエルを支持する国への石油の輸出を禁止・制限したため、日本でも物価が急上昇しました。トイレットペーパーが買い占められ、店頭からなくなるという騒動があったのもこのときです。1960年代から1970年代初めにかけての日本の高度経済成長期は、これで終わったとされています。

　日本では、その後しばらく経済成長率の低い状態が続きましたが、1980年代後半になると、株や土地の価格が、実際の価値とかけ離れて上昇するようになりました。それならば、株や土地を買ってさらに値上がりしてから売れば、大もうけできると考えた人や会社は、借金をしてでもこぞって買うようになりました。そのため、ますます値上がりすることになりましたが、1990年代に入ると、株や土地の価格は暴落しました。これが「バブル経済の崩壊」です。バブルとは「あわ」という意味で、「株や土地の価格が、あわのようにふくらんだ後ではじけた」ということです。借金をして株や土地に投資していた人や会社は大きな損失を出してしまいました。

「リーマンショック」とは？

このバブル経済の崩壊以降、日本は、ほとんど経済成長をしなくなり、デフレーション（デフレ）が続くようになりました。若者の就職が非常に困難になり、「就職氷河期」ともいわれました。今も正社員にはなれず、非正規雇用で働き続けている人も多く、この世代は「ロストジェネレーション」ともいわれます。一方、中国をはじめとする新興国は急速に経済成長したため、世界の経済に占める日本の比率が大きく低下しました。このため、平成時代のほぼ全部は「失われた30年」とさえいわれます。

もちろん、その間にも、景気が比較的良かった時期もあれば、悪かった時期もあります。アメリカでの「サブプライムローン危機」がきっかけで景気が急激に悪化したこともありました。サブプライムローンとは、収入の低い人向けの住宅ローンのことです。金融機関は、返せなくなる人が多く出ることをはじめから想定して、高い金利でお金を貸していました。その「返してもらう権利」は、返してもらえなくなるリスクが高いので、細かく分けて、他の借金を返してもらう権利とまぜた証券にして、他の会社や個人に売っていました。つまり、リスクを見えにくくしていたのです。

しかし、こうした証券の金利は高く、何事もなければもうかるので、多くの金融機関が買っていました。ところが2007年には、このローンで購入された住宅の価格が下がったため、「返してもらう権利」も暴落しました。これにより、大きな損失を出したアメリカの投資銀行「リーマンブラザーズ」は、2008年秋に経営破綻しました。他の金融機関の経営も悪化して、世界中でお金の流れが止まってしまいましたが、このことを「リーマンショック」といいます。

リーマンブラザーズの破綻を受けて下落した株価を示す街頭の株価ボード（2008年9月16日、東京都千代田区で）

その結果、企業はお金を借りることが難しくなりました。景気が急速に悪化したこともあって、世界中の工場で物の生産を減らすようになり、日本の工場などでも、契約社員や派遣社員など、多くの非正規雇用者がやめさせられました。会社が用意した寮などに住んで働いていた人たちは、仕事と同時に、住む場所も失いました。2008年末から2009年正月にかけては、こうした人たちに食事と一時的に滞在する場所を提供するため、東京都心の日比谷公園にテントが設置され、「年越し派遣村」といわれました。

このころ話題になったのが、アパートなどを借りることができず、24時間営業のインターネットカフェなどで寝泊まりしている、いわゆる「ネットカフェ難民」の存在です。東京などの大都市には、こうした人たちが今も数千人はいます。4〜5月の緊急事態宣言では、ネットカフェも休業要請の対象になったため、多くの「ネットカフェ難民」が行き場を失いました。

2008年12月31日、東京都心の日比谷公園に設置された「年越し派遣村」では、労働相談なども実施された

3 誤った情報にも影響され、差別や排除が横行

小学生に知っておいてほしい ニュースTOP20
第12位 》 デマ、フェイクニュースの氾濫　第13位 》 新型コロナウイルス感染症による差別の横行

差別は感染者のほか、医療従事者などの「エッセンシャルワーカー」にも向かう

大型連休が始まった4月29日、神奈川県から静岡県に入ろうとする車に、県境で来県自粛を呼びかける静岡県と熱海市の職員ら

新型コロナウイルス感染症では、わからないことが多いなかで、日々報道される多くの情報や、インターネット上などの誤った情報に踊らされた人々が世界中で不適切な行動に走りました。日本では感染者差別や、医療従事者などの社会に不可欠な「エッセンシャルワーカー」に対する職業差別があったほか、他の地域から来た人を排除したり、「自粛」しない人を責めたりする行為も横行しました。

こんなときこそ歴史に学び、そこから教訓を引き出すことが必要です。自分の頭で考え、判断し、行動することが求められています。

予防法などに関するデマがあふれる

今回のパンデミックで、ウイルスそのものより爆発的に広がったのは、誤った情報であり、それに影響された人々の不適切な行動でした。**世界保健機関（WHO）**は、これを「**インフォデミック**」と呼び、注意を促しました。このことばは、「インフォメーション（情報）」と「エピデミック（一定の地域である感染症が大流行すること）」を組み合わせてつくられたものです。

特に目立ったのは、予防法などに関するデマです。なかには、医学的な根拠のないものも少なくありませんでした。たとえば、インターネット上の**ソーシャル・ネットワーキング・サービス（SNS）**を通じて広まった、「お湯をたくさん飲むと感染が予防できる」というものなどです。こうしたデマが広がった背景には、「多くの人に知らせよう」という善意もありました。それが結果的には、不確かな情報だったこともあったのです。インターネット上のだれが発信したかわからない情報をすぐに信用してはいけないとはよくいわれますが、新型コロナウイルス感染症の流行が始まった当初は、わかっていなかったことが多くありました。そのため、医師や研究者、政府関係者や地方自治体の首長などは、それぞれの立場から必要と考える情報を発信しましたが、それが食い違うこともあって、対応が難しかったという面もあります。信用できるもの、自分にとって必要なものを取捨選択して利用する「**メディア・リテラシー**」が、今ほど求められているときはないでしょう。

8月5日、前日の自らの発言が混乱を引き起こしてしまったことを受けて、改めて記者会見で説明する大阪府の吉村洋文知事

人種差別、ヘイトスピーチが増加

　人間は、とらえどころのない不安を抱えていることになかなか耐えられないものです。目に見えるある特定の対象に原因を求めたい、という心理が働くので、特に感染症の流行時には、必ずと言っていいほど、少数派の人種・民族に属する人たちに対する差別・迫害がみられます。今回も例外ではありませんでした。

　新型コロナウイルス感染症の発生が報告された当初、中国では、最初の発生地とされた武漢出身者などが差別されました。日本や韓国では、差別の対象が中国人全体に広がり、「ヘイトスピーチ」も行われました。そして欧米では、日本人や韓国人も含めたアジア系住民への暴力・暴言が多発する状況になりました。感染症の流行を外国人のせいにして排除しようとする過ちは、人類の歴史のなかで、何度も繰り返されてきたことですが、残念ながら、今回もそのようなことが世界中でみられたのです。

　近年では「多文化共生」が理想とされ、多様性（ダイバーシティ）を尊重する社会にしようという呼びかけが続けられていますが、それが本物だったのかが試されているといえます。

感染者を差別し責任を追及する動きも

　日本では、毎日のように発表される都道府県ごとの新規感染者数に一喜一憂する状況がずっと続きましたが、感染者をゼロにしようとすると、どうしても「感染者＝悪」だという発想になってしまいます。「感染者さえいなくなればいい」ということになりかねないのです。

　「感染者＝悪」という発想になると、たまたま感染してしまった人が責められることになります。「万全の対策」をしていなかったからだ、旅行に行ったからだ、「接待をともなう夜の飲食店」を利用したからだ、自覚が足りないからだなどと言って、感染者の責任を問うような風潮が生まれています。「クラスター」が発生した学校などに謝罪を要求する人までいます。

　感染者の個人情報や立ち寄り先などをインターネット上に公開するという、重大な人権侵害も多発しています。感染したことによる健康被害そのものよりも、社会的に非難されること、「村八分」にされ、地域に住めなくなるなどの精神的、経済的被害を恐れなければならないほどです。また、自分自身だけでなく、自分の属する会社や学校にも迷惑をかけることになるから、体調が悪くても隠し通すしかないということにもなりかねません。そうなると、感染者がどのくらいいるかの把握が難しくなり、さらなる感染拡大につながるおそれもあるでしょう。

　日本ではつい最近まで、「ハンセン病」の患者を強制的に隔離して、その人の自由を奪うという、重大な過ちをおかし続けていました。かつては「らい病」といわれたこの感染症を「撲滅」しようと、各都道府県では「無らい県運動」などと称して、患者を見つけては家族から強制的に引き離し、遠く離れた地域の「療養所」に送るという運動が繰り広げられたのです。歴史に学び、今回は、患者への人権侵害という過ちが繰り返されることのないようにしなければなりません。

医療従事者など、エッセンシャルワーカーへの差別や偏見も

　差別の対象は感染者だけでなく、「感染している可能性がある人」「今後、感染する可能性がある人」にまで広がりました。つまり、職業に対する差別です。

　感染リスクの高い職業として代表的なのは、医師、看護師などの医療従事者です。本来であれば、リスクをおかして感染症に立ち向かってくれている人たちに感謝しなければならないはずですが、感謝するどころか、身近なところから彼ら、彼女らを排除しようとした人たちがいたのです。しかも、医療従事者本人だけではありません。妻が看護師という従業員に対して、上司が出勤禁止を命じた会社もあったようです。

　ほかに、感染が広がっている地域との間を行き来していた長距離トラックの運転手など、私たちの生活を支えるために働いてくれている人々への差別もありました。

4月17日、福島県のいわき市役所で、医療従事者への感謝をこめて拍手を送る市長ら

「よそ者」を排除する風潮が高まる

　今回の緊急事態宣言発令中やその前後には、政府や地方自治体などから「都道府県をまたぐ移動の自粛」が呼びかけられました。しかし、日常生活のなかで行き来する範囲、つまり生活圏は、都道府県の境界などに関係なく広がっています。首都圏や関西では、他の都府県への通勤・通学はごく普通ですし、地方にも、毎日のように県境を越えて、隣町のスーパーマーケットなどに買い物に行くような地域はたくさんあります。そのような地域の住民をとまどわせることになりました。

　たとえば、兵庫県新温泉町や香美町は、鳥取県と隣接しています。住民は県境を越えて鳥取市のスーパーマーケットに行くこともあるでしょう。しかし、兵庫県なので車のナンバーは「姫路」で、鳥取県のスーパーの駐車場に「姫路」ナンバーの車が並ぶことになります。これが非難の対象になりました。石や卵を投げつけられる、車に落書きをされたり傷をつけられたりする、といった被害を受けたのです。残念ながら、他の都道府県から来た「よそ者」を排除するようなことをしても許されるとかん違いしてしまった人たちがおり、こうした犯罪となる行為も横行しました。この例でいえば、「県境をまたぐ」かどうかが本質ではありません。政府や

生活圏が「県境をまたぐ」地域の例

地方自治体は、「都道府県をまたぐ移動」ではなく、「日常生活圏を越えた移動」の自粛を呼びかけるべきだったのでしょう。

　大都市で生活しながら、日常的に故郷との間を行き来していた人にとっては、特につらい世の中になりました。帰省の自粛が求められ、たとえば、故郷の親が亡くなっても、「村八分」を恐れて、その葬式に参列することもできないような状況が生まれています。

いわゆる「自粛警察」も横行

　緊急事態宣言発令中の2020年4～5月には、「不要不急の●●を自粛しよう」などといったスローガンが多くみられました。しかし、これは太平洋戦争のころにみられた「ぜいたくは敵だ」「欲しがりません勝つまでは」といったスローガンと、本質的には同じではないかという指摘があります。当時は、「ぜいたく」をしているとみなされた者などが「非国民」と呼ばれました。法律に違反した行為をしていたわけではなかったにもかかわらず、強く非難されたのです。

　日本では、外国とは異なり、法律で強制的に外出を禁止したり、店の営業を禁止したりすることはできません。太平洋戦争中などに政府や軍部が人権を侵害した反省から、このような法体系になっているのです。ところが、外出している人を見つけて役所に通報したり、営業している店を見つけて脅迫文を貼りつけたりといった、いわゆる「自粛警察」行為をする人が続出しました。「自分は正しい」というひとりよがりともいえる正義感から、こうした人や店を一方的に非難し、ときには危害を加えたのです。

1940年7月、東京・銀座に掲げられた「ぜいたくは敵だ！」というスローガンの書かれた看板

　今回の場合、感染が急速に拡大した3月には、「政府は緊急事態宣言を早く出すべきだ」といった主張が強まりました。匿名で書きこみができるインターネット上の掲示板などには、「東京都を封鎖して出入りを禁止しろ」などといった、物理的にも法律的にも困難なことを求める極端な意見もあふれていました。こうした声も影響してか、政府は緊急事態宣言を出し、外出や人の移動の制限につながる対策を実施しました。必ずしも強制力はなかったとはいえ、「同調圧力」の強い社会である日本において、国民の権利保護と感染拡大防止の両面でバランスの取れた対応であったのか、検証していくことも必要でしょう。

　こうした社会の雰囲気のなかでは、自分の頭でものを考え、まわりの人が正しいと言うことでも、安易に付和雷同しないようにしなければなりません。そうでなければ、結果的にデマを拡散させて買いだめを誘発することにもなりかねず、他人の人権を侵害してしまうおそれもあります。

5月に開店していた駄菓子店に貼られていたのが見つかった、「コドモアツメルナ　オミセシメロ」と書かれた紙。いわゆる「自粛警察」行為の典型的な例といえる（千葉県八千代市で）

小学生に知っておいてほしい ニュースTOP20
第10位 >> 東京オリンピック・パラリンピックの延期

4 東京オリンピック・パラリンピックが延期に

2021年7～9月に1年延期。戦争以外の理由で予定通り開催できなくなったのは初めて

完成した新国立競技場。オリンピック・パラリンピックのメーンスタジアムとして使用される予定

2020年7～9月には、**東京オリンピック・パラリンピック**が開かれることになっていましたが、その2020年を迎えて間もなく、**新型コロナウイルス感染症**が世界中に広がったため、3月になって、1年延期されることが決まりました。オリンピックの延期は史上初めてで、戦争以外の理由で予定通り開催できなくなったのも初めてです。プロ野球、Jリーグ、大相撲などのプロスポーツの試合や、高校野球の全国大会なども、一時はことごとく中止・延期・無観客試合に追いこまれ、スポーツという文化そのものが重大な危機に直面しています。

▶ 聖火がギリシャから日本に到着後、延期が決定

　2013年9月、東京はイスタンブール（トルコ）、マドリード（スペイン）を破って、2020年の夏季オリンピックの開催を勝ち取りました。それ以来、実にさまざまな問題が発生し、そのたびに議論を巻き起こしてきました。メーンスタジアムとなる新国立競技場の巨額の建設費が批判を浴び、当初の計画が一度白紙になったこと、コンパクトな大会をめざすはずだったのに、経費が予定より大幅に増加し、各競技会場もたびたび変更されたことなどです。2019年11月初めには、マラソン・競歩の会場が、東京では猛暑が懸念されるという理由で札幌に変更され、賛否両論がありました。

　それでも多くの人は、オリンピック・パラリンピックを楽しみにしていたでしょう。11月末には新国立競技場が完成しました。しかし、まさにこのころから、オリンピック・パラリンピックの開催そのものをおびやかす新型コロナウイルスが広がり始めていたのです。

　2020年3月には、全国の学校の休校が求められ、社会が「非常事態」になりつつありました。それでも、関係者はオリンピック・パラリンピックが予定通りに開かれる前提で動かざるをえない状況でした。3月12日には、ギリシャのオリンピアで聖火の採火式が無観客で行われましたが、このころから欧米でも感染拡大が深刻になっていたので、ギリシャ政府の要請で、現地での聖火リレーはすぐに中止されました。

3月12日、古代オリンピックが開かれていたギリシャのオリンピアで行われた聖火の採火式。古代の衣装を着た巫女が、凹面鏡で太陽光を集めて採火する

第1章　新型コロナウイルス感染症と社会の変化

聖火は3月26日に、福島県のJヴィレッジを出発し、47都道府県すべてをめぐる予定でしたが、3月24日、安倍首相（当時）と**国際オリンピック委員会（ＩＯＣ）**のバッハ会長が電話で会談し、「1年程度の延期」で合意したことから、国内での聖火リレーも中止になりました。

新しい大会の日程は、**オリンピックが2021年7月23日から8月8日まで、パラリンピックが8月24日から9月5日まで**とされました。いずれも開会式と閉会式の曜日を2020年と同じにしたため、日付としては1日ずれましたが、事実上は、2020年とまったく同じ日程です。

「体育の日」を「スポーツの日」に変更

1964年の東京オリンピックの開会式は10月10日に行われたので、この日を記念して、1966年から10月10日は「体育の日」という国民の祝日になりました。2000年からは、体育の日は「10月の第2月曜日」に変わりました。月曜日を祝日にすることで、土曜日・日曜日が休みの人にとっては3連休になるという**「ハッピーマンデー制度」**の対象になったのです。

その体育の日が、2020年からは**「スポーツの日」**に変わりました。祝日法では、体育の日は「スポーツにしたしみ、健康な心身をつちかう」日だとされていたのに、祝日の名称は「体育の日」でした。しかし、「体育」と「スポーツ」とでは意味が違います。「体育」といってしまうと、運動を通して行われる教育という意味になり、余暇を楽しむという意味が含まれなくなってしまいます。また、スポーツとは、対戦相手にも敬意を払い、フェアプレーの精神でルールを守って正々堂々と勝負するという「文化」でもあります。スポーツの日は、「スポーツを楽しみ、他者を尊重する精神を培うとともに、健康で活力ある社会の実現を願う」日だとされました。

2020年7〜9月のカレンダー

	日	月	火	水	木	金	土
7月				1	2	3	4
	5	6	7	8	9	10	11
	12	13	14	15	16	17	18
	19	20	21	22	23 海の日	24 スポーツの日 開会式	25
	26	27	28	29	30	31	1
8月	2	3	4	5	6	7	8
	9 閉会式	10 山の日	11	12	13	14	15
	16	17	18	19	20	21	22
	23	24	25 開会式	26	27	28	29
	30	31	1	2	3	4	5
9月	6 閉会式	7	8	9	10	11	12
	13	14	15	16	17	18	19
	20	21 敬老の日	22 秋分の日	23	24	25	26
	27	28	29	30			

2021年7〜9月のカレンダー（見こみ）

	日	月	火	水	木	金	土
7月					1	2	3
	4	5	6	7	8	9	10
	11	12	13	14	15	16	17
	18	19	20	21	22 海の日	23 スポーツの日 開会式	24
	25	26	27	28	29	30	31
8月	1	2	3	4	5	6	7
	8 山の日 閉会式	9 振替休日	10	11	12	13	14
	15	16	17	18	19	20	21
	22	23	24 開会式	25	26	27	28
	29	30	31	1	2	3	4
9月	5 閉会式	6	7	8	9	10	11
	12	13	14	15	16	17	18
	19	20 敬老の日	21	22	23 秋分の日	24	25
	26	27	28	29	30		

　はオリンピック・パラリンピックの大会期間

その「スポーツの日」ですが、2020年は、**東京オリンピックの開会式が予定されていた7月24日**になりました。また、**「海の日」は予定されていた開会式前日の7月23日**に、**「山の日」は予定されていた閉会式翌日の8月10日**に、それぞれ変更されました。東京オリンピックには国内外から多くの人が訪れ、混雑による混乱が予想されたので、通常の仕事で出勤する人を減らそうと、2020年だけ祝日を変更する法律が、2019年に成立したのです。その後、オリンピックは延期になりましたが、祝日を元に戻すと混乱のもとになるので、そのままにされました。5月には、2021年も同じように祝日を移動させる法律案が閣議決定されました。それによると、**「スポーツの日」は開会式当日の7月23日**に、**「海の日」は開会式前日の7月22日**に、それぞれ変更されることになっています。しかし、オリンピックは規模を縮小して行う可能性が高くなったことから、祝日を移動させる必要はないのではないかという意見も出ています。9月の時点では、法律はまだ成立していません。

2019年7月23日には、羽田空港内にある航空機格納庫で、このような「開幕1年前イベント」が行われた

夏季オリンピックは、2度の世界大戦で3度中止

オリンピックは「平和の祭典」ともいわれます。古代ギリシャでは紀元前8世紀から紀元4世紀までの1000年以上にもわたって、4年に1度、**古代オリンピック**が開かれていましたが、これは神にささげる神事でもあったため、その期間中は、都市国家の間の戦争も休戦になりました。だからこそフランスの**クーベルタン男爵**は、これをよみがえらせようと、近代オリンピックの開催を提唱したのです。その第1回大会は1896年、オリンピックのふるさとであるギリシャのアテネで開かれました。

ところが、夏季オリンピックは、**2度の世界大戦のために、これまでに3度中止**になっています。まず1916年の大会は、ドイツのベルリンで予定されていましたが、**第一次世界大戦**の最中だったため中止になりました。次に中止になったのは1940年の大会です。この大会の開催都市が東京に決定したのは1936年ですが、翌1937年に始まった**日中戦争**のため、日本は1938年に開催する権利を返上しました。これにより、開催都市はフィンランドのヘルシンキに変更されましたが、1939年に**第二次世界大戦**が始まったため、結局は中止になりました。1944年の大会は、イギリスのロンドンで予定されていましたが、同じく中止になり、そのまま4年後の1948年にずらして行われました。

しかし、2020年の東京大会が予定通り開催できなくなった理由は戦争ではなく、感染症です。これは前例のない、初めてのことです。また、オリンピック開催が3度決定しながら、そのうち2度も当初の予定通り開催されなかった都市は、東京だけです。

中止にはならなくても、国際政治の影響を受けた大会もありました。たとえば、1980年のソビエト連邦（ソ連）のモスクワでの大会は、前年にソ連がアフガニスタンに侵攻したことに抗議して、日本やアメ

第1章 新型コロナウイルス感染症と社会の変化

夏季オリンピックのあゆみ

回	年	開催都市（国名）	オリンピックでのできごと	この年のできごと
1	1896	アテネ（ギリシャ）	男子のみ参加	三陸沿岸に大津波
2	1900	パリ（フランス）	女子が初参加	中国で起きた義和団事件に日本も出兵
3	1904	セントルイス（アメリカ）	前回より参加選手が減少	日露戦争が始まる
4	1908	ローマ（イタリア）予定 →ロンドン（イギリス）	災害により開催都市を変更	日本からブラジルへの移民開始
5	1912	ストックホルム（スウェーデン）	日本が初参加	第一次護憲運動
6	1916	ベルリン（ドイツ）予定	→第一次世界大戦のため中止	吉野作造が「民本主義」を唱える
7	1920	アントワープ（ベルギー）	五輪旗を採用	国際連盟が成立
8	1924	パリ（フランス）	この年、第1回冬季オリンピックも開催	第二次護憲運動
9	1928	アムステルダム（オランダ）	日本の女子（人見絹枝選手）が初参加	第1回普通選挙を実施
10	1932	ロサンゼルス（アメリカ）	初めて選手村を建設	五・一五事件
11	1936	ベルリン（ドイツ）	聖火リレーを初めて実施。朝鮮半島出身の孫基禎が日本代表として男子マラソンで金メダル	二・二六事件
12	1940	東京（日本）予定 →ヘルシンキ（フィンランド）予定	→第二次世界大戦のため中止	日独伊三国同盟が成立
13	1944	ロンドン（イギリス）予定	→第二次世界大戦のため中止	本土への空襲が本格化
14	1948	ロンドン（イギリス）	日本は招待されず、不参加	大韓民国と朝鮮民主主義人民共和国が成立
15	1952	ヘルシンキ（フィンランド）	ソ連が初参加	サンフランシスコ平和条約が発効
16	1956	メルボルン（オーストラリア）	東西ドイツが合同チームで参加	日ソ共同宣言、日本の国際連合加盟
17	1960	ローマ（イタリア）		日米安全保障条約が改定
18	1964	東京（日本）		東海道新幹線が開業
19	1968	メキシコシティ（メキシコ）	ドーピング検査を初めて実施	小笠原諸島が返還
20	1972	ミュンヘン（西ドイツ）	選手村でイスラエル選手団へのテロ	沖縄返還、日中国交正常化
21	1976	モントリオール（カナダ）	南アフリカ共和国の人種隔離政策（アパルトヘイト）に反対し、多くのアフリカ諸国がボイコット	ロッキード事件が発覚
22	1980	モスクワ（ソ連）	日本、アメリカなどがボイコット	大平首相が急死、衆参ダブル選挙
23	1984	ロサンゼルス（アメリカ）	ソ連などがボイコット	新しいデザインの紙幣を発行
24	1988	ソウル（韓国）	北朝鮮は不参加	青函トンネルと瀬戸大橋が開通
25	1992	バルセロナ（スペイン）	南アフリカ共和国が復帰	ＰＫＯ協力法が成立
26	1996	アトランタ（アメリカ）		包括的核実験禁止条約を採択
27	2000	シドニー（オーストラリア）	開会式で韓国と北朝鮮が合同入場行進	初の南北朝鮮首脳会談
28	2004	アテネ（ギリシャ）		自衛隊がイラクで活動開始
29	2008	北京（中国）		北海道洞爺湖サミットが開催
30	2012	ロンドン（イギリス）	史上初めて、すべての国・地域から女子が参加（参加標準記録を満たせた女子がいなかった国・地域を除く）	東京スカイツリーが開業
31	2016	リオデジャネイロ（ブラジル）	「難民選手団」が初めて結成	イギリスが国民投票でEU離脱を決定
32	2020 →2021	東京（日本）予定	世界的な感染症の流行により2021年に延期	
33	2024	パリ（フランス）予定		
34	2028	ロサンゼルス（アメリカ）予定		

第1章 新型コロナウイルス感染症と社会の変化

第2章 国際社会の動き

第3章 理科ニュース

リカなど、西側の資本主義国のいくつかが参加をボイコットしました。その4年後のロサンゼルス大会では、ソ連など東側の社会主義国の多くがボイコットしました。政治的な対立から多くの国が不参加となると、大会は成功したとはいいきれません。また、選手にしてみれば、自分の力がピークの時期に出場できないという悔しさを味わうことになります。今回も、出場を断念して引退を決めた選手がすでに出ています。「モチベーションが持続しない」「企業などからの支援が打ち切られ、経済的に苦しくなった」などの理由からです。

大会規模の肥大化も問題

オリンピックの問題点の1つは、大会の規模が大きくなりすぎていることです。東京大会では、33競技339種目が予定されていますが、いったん決まった日程を、何らかのやむをえない理由で動かさざるをえなくなったとき、すべての競技・種目について、他の国際大会との日程の調整や会場の確保をしなければならないことになります。

開催するための経費も巨額です。今回のオリンピックとパラリンピックでは、東京都と大会組織委員会がそれぞれ約6000億円を、国が約1500億円を負担することになっています。これに大会関連経費を合わせると、3兆円を超えるという見方もあります。しかも延期によって、経費はさらに数千億円増えるとされています。これほどお金がかかるようでは、オリンピックを開催できる都市は限られてしまい、将来は、大会の存続そのものが危ぶまれる事態にもなりかねません。

東京・晴海に2019年末に完成した選手村の宿泊棟。約44haの敷地に21棟が立ち、3850戸、約1万室の規模で、最大で約1万8000人の選手・役員が宿泊できる。大会後はリニューアルされ、一部が分譲・賃貸マンションとなる予定だが、延期により入居も遅れる見こみ

パラリンピックは「もう1つのオリンピック」

夏季・冬季のオリンピックの後には、同じ都市で障害者による国際的なスポーツ大会である「パラリンピック」も開かれます。この「パラリンピック」ということばは、現在では、「平行した、もう1つの」という意味の「パラレル」ということばと「オリンピック」を組み合わせたものととらえられています。その始まりは、1948年のロンドンオリンピックの開会式の日に、ロンドン郊外のストーク・マンデビル病院で開かれた、第二次世界大戦で負傷して障害を負った元兵士らによるアーチェリーの大会です。これが発展した障害者によるスポーツ大会が、1960年のローマオリンピックの後に開かれましたが、現在では、この大会が第1回のパラリンピックと位置づけられています。

「パラリンピック」という名称になったのは、1988年のソウル大会からで、シドニー大会が開かれた2000年以降は、オリンピック開催都市が、引き続いてパラリンピックも開催することが、正式に義務づけられました。現在では、障害者のリハビリのためのものではなく、「スポーツ」であると考えられるようになり、競技性も注目度も高まっています。以前は、パラリンピックは厚生労働省の担当する仕事で

したが、現在ではオリンピックと同様に、文部科学省の下に置かれている「スポーツ庁」の仕事とされています。

スポーツという文化そのものが危機に

新型コロナウイルス感染症によるスポーツ界への影響は、もちろんオリンピック・パラリンピックにとどまるものではありません。2011年に成立した「スポーツ基本法」では、その前文で、「スポーツは、世界共通の人類の文化である」としたうえで、「スポーツを通じて幸福で豊かな生活を営むことは全ての人々の権利」だとうたっています。ところが今、その「文化」が重大な危機に直面しています。ラグビーや相撲など、体の接触をともなう競技はそれ自体に感染の危険があるとされたほか、体の接触が少ない競技でも、更衣室などはせまい空間に人が密集せざるをえない、試合のために移動することにリスクがある、観客を入れて大会を行えば、クラスター発生のおそれがあるとされ、あらゆるスポーツイベントが成り立たなくなってしまいました。

たとえば、3月末に開幕する予定だったプロ野球は、6月19日にようやく開幕することができました。当初は無観客で試合が行われ、観客を入場させるようになったのは7月10日からです。大相撲は、3月の春場所は無観客で行われましたが、その後、力士の中にも感染者・死者が出る状況になり、5月の夏場所は中止されました。7月場所は、例年は名古屋で行われますが、2020年は東京の国技館で開催されました。

甲子園球場での高校野球の全国大会も、春夏ともに中止になりました。試合そのもののリスクよりも、遠方から移動してきて宿泊することによるリスクが大きいという判断です。春夏の大会中止は、戦時中（春は1942〜46年、夏は1941〜45年）以外では、1918年夏の第4回大会が「米騒動」のために中止になって以来です。他の競技や文化部も含め、高校生がクラブ活動の成果を見せる場も失われました。

プロスポーツの試合は無観客であっても開催して、テレビやインターネットで中継すれば、娯楽を提供することはできます。人気チームであれば放映権やグッズの販売で、かなりの収益をあげられるでしょう。しかし、入場料収入が得られなければ、経営が成り立たないチームも存在します。そのため、今後は成績が悪かったわけではないのに、契約を打ち切られる選手が出ることも考えられます。

スポーツだけの問題ではなく、音楽や演劇なども事情は同じです。公演が中止・延期になり、仕事も収入もなくなった音楽家や役者はたくさんいます。このように、人間らしく生きていくには欠かせない「文化」が、大きな危機に直面しています。

7月11日、東京の神宮球場で行われたヤクルト対巨人戦。この前日の10日から、プロ野球の試合は人数に制限はあるものの、観客を入場させるようになった

3月の大阪での大相撲春場所は無観客として、予定通りの日程で開催された

5 日本でも全国でレジ袋が有料化

第1位 レジ袋の有料化　**第14位** 地球温暖化とその対策

マイクロプラスチックによる海の汚染を防ぐため、プラスチックの使用を減らすのが目的

レジ袋が有料化されたことを告知するコンビニエンスストアの掲示（7月1日、大阪市で）

2020年7月1日から、ついに日本でも、**レジ袋の有料化**が始まりました。これまでも、エコバッグ（マイバッグ）の持参を勧めていた自治体や店はありましたが、今回は法律により、全国のほぼすべての店で有料化が義務づけられたのです。**マイクロプラスチック**による海の汚染を防ぐため、プラスチックの使用を減らすのが主たる目的ですが、原料の石油の消費を減らし、**地球温暖化**を防ぐ目的もあるとされています。これにより、大手コンビニエンスストアでも、レジ袋1枚につき3円程度が徴収されるようになりました。

▶ マイクロプラスチックによる海の汚染が深刻

　現在、世界的にプラスチックのレジ袋やストローを使わないようにする動きが広がっています。全面的に禁止した国も多く、日本はむしろ遅れている方です。石油からつくられたプラスチックは分解されにくいため、捨てられたものは川などを経て、最終的には海に流れこみます。そのため、プラスチック製の袋をのどにつまらせて死ぬ海の生き物もいます。また、プラスチックが波や紫外線などで風化し、細かく砕かれて、大きさが5mm以下の粒になった「**マイクロプラスチック**」が、世界中の海から検出されています。マイクロプラスチックそのものは、健康に大きな害はないとされていますが、発がん性のあるポリ塩化ビフェニル（PCB）などの有害な物質がつきやすい性質があるため、それを食べた魚介類を人間が食べると、人間の体内にも有害物質が入ることになります。

　使用済みのプラスチックを適切に処理するには、お金もかかります。ところが、これまで日本などの先進国は、プラスチックごみを再利用できる資源だとして、中国や東南アジア諸国に輸出してきました。しかし2019年には、有害廃棄物の国境を越える移動及び処分を規制する**バーゼル条約**の締約国会議で、新たに「汚れたプラスチックごみ」も規制の対象にすることが決まりました。また、北太平洋上には、多くのプラスチッ

捨てられたプラスチックごみのゆくえ

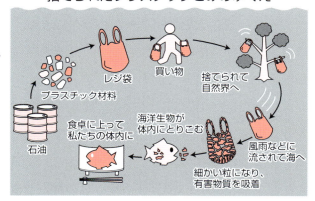

クごみが海流に乗って集まる「太平洋ごみベルト」と呼ばれる海域があります。その大きさは急速に拡大し、中には日本のごみも含まれています。日本も世界の国の一員として、ごみの減量に、これまで以上に真剣に取り組まなければなりません。

こうした問題を解決するには、使い捨てにされがちなプラスチックの使用量そのものを減らすしかありません。以前から自治体や店によっては、レジ袋を無料で配るのをやめ、エコバッグを持参するよう呼びかけていましたが、それでは不十分だとして、2019年に容器包装リサイクル法の省令（各省が出す命令）が改正され、2020年7月1日から、全国でレジ袋の有料化が義務づけられました。ただし、繰り返し使える厚い袋、微生物のはたらきで分解される「海洋生分解性プラスチック」を使った袋、バイオマス素材を25％以上使った袋などは有料化の対象外とされ、無料で配ってもよいことになっています。とはいえ、日本で1年間に出るプラスチックごみ約900万tのうち、レジ袋は2％程度に過ぎないとされているため、実際には、消費者に意識改革を促すのが最大の目的ともいえます。

これからは、エコバッグを持ち歩くことも、「新たな習慣」になっていくのかもしれません。しかし、エコバッグは毎日洗うわけではないので、衛生的とはいえないという声もあります。新型コロナウイルス感染症の流行が始まってからは、海外では、エコバッグにウイルスがついているおそれもあるとして、逆に禁止されたところもあるほどです。もちろん中長期的には、プラスチックの使い捨てはなくしていくべきでしょう。しかし、衛生面を考えれば、当面はプラスチックの使い捨てもある程度はやむをえないことから、「脱プラスチック」の動きにはブレーキがかかりそうです。

温室効果ガスは減少したが、ごみは増加

新型コロナウイルス感染症を封じこめるため、3月ごろからは、中国以外の国々でも外出が制限され、経済活動が停滞しましたが、このことは、環境にも大きな影響を与えました。国際エネルギー機関によると、2020年の世界のエネルギー関連の二酸化炭素排出量は、前年より8％減る見こみだとのことです。飛行機の運行や工場の操業が止まったため、大気汚染もかなり改善されました。しかし、パリ協定で定められた「産業革命以降の気温上昇を2度未満に抑える、かつ1.5度未満をめざす」という目標のうち、「1.5度未満」を達成するには、2030年まで温室効果ガスの排出量を毎年7.6％ずつ減らすことが必要とされています。地球温暖化問題解決の困難さがわかります。

一方、環境にマイナスの影響もありました。外出の自粛により、通信販売の利用が増えたこと、飲食店のデリバリーやテイクアウトが増えたことなどから、プラスチックの容器包装ごみが、かなり増えてしまったのです。マスクや防護服などの医療廃棄物も増加していますが、これらが適切に処理されず、不法投棄されるおそれがあることも心配されます。

ポイ捨てされ、海岸に散乱するマスク。プラスチックごみと同様、環境への影響が心配されている（2020年7月、ヨーロッパの地中海沿岸で）

小学生に知っておいてほしい ニュースTOP20

第6位 九州などの豪雨災害

感染警戒のなかで、豪雨などの災害も発生

感染症が流行していても、地震や風水害への備えは必要。避難所のあり方の改善も急務

世帯ごとに間隔をあけた避難所（7月5日、熊本県人吉市で）

新型コロナウイルス感染症の流行は一種の災害ともいえますが、地震や風水害などもいつ発生するかわかりません。その場合、体育館などの避難所に多くの人が集まると感染拡大につながりかねないと心配されていました。7月には熊本県南部などで、感染警戒のなかでの豪雨という、恐れていたことがついに起きましたが、1つの避難所の定員を減らし、世帯ごとに間隔をあけるという対応をとりました。また、被災地の側では、**ボランティア**の募集範囲を限定したため、早期の復旧は難しくなっています。

避難所でも「3密」を回避

　新型コロナウイルスにより、災害のときの避難所の様子も変わりました。1つの避難所の定員を少なくして、それぞれの家族が生活するスペースどうしの間隔をあけるようになったのです。今回は、比較的人口の少ない地域で災害が発生したため、それができたともいえるでしょう。

　これまでの避難所では、**プライバシー**が確保されないことなどが問題になっていました。それをきらって、自家用車の中などで避難生活を送る人も少なくありませんが、その結果、**「エコノミークラス症候群」**になることもあります。これは、狭い場所で長時間、水分を十分にとらずに同じ姿勢をとり続けると、血管（静脈）の中に血のかたまり（血栓）ができてそれがつまり、最悪の場合は死ぬこともあるというものです。航空機の「エコノミークラス」の座席に長時間座っていると発症することから名づけられました。たとえ感染症の流行がなくても、避難所のあり方の見直しは急務だったのです。

　なお、9月には、**台風10号**が九州に接近しましたが、このときは避難所に行くのではなく、安全な場所にあるホテルに宿泊する人が多くいました。これも避難のあり方の1つといえます。

災害ボランティアも「自粛」

　1995年1月17日に発生した**阪神・淡路大震災**では、多くのボランティアが他の地域から被災地にかけつけました。2011年3月11日に発生した**東日本大震災**でも、ボランティアが活躍しました。

　しかし、2020年7月に熊本県南部で発生した豪雨災害では、それが一変してしまいました。「都道府

県をまたぐ移動」は慎重にすべきだという社会の雰囲気が強くなっているため、2019年までであれば、真っ先に被災地に入っていたようなボランティア団体も、被災地で活動することを見合わせました。

また、地方では、新型コロナウイルス感染症の患者を入院させ、治療することができる医療施設の数が限られているうえ、感染した場合、重症化または死亡するリスクが高いとされる高齢者の割合も高くなっています。そのため、地元の医療関係者は、他の地域から多くの人が来ることによってウイルスが持ちこまれ、「医療崩壊」が起きることを警戒したのです。被災地の側でも、熊本県以外からのボランティアを受け入れておらず、人手が足りない状況が続いています。

熊本県人吉市・球磨村の位置

人吉市では熊本県内からしかボランティアを受け入れていないため、隣接する宮崎県えびの市や鹿児島県伊佐市の市民であってもボランティア活動ができない

高齢者が「災害弱者」に

今回の熊本県南部の豪雨では、球磨川の支流があふれ、球磨村の川の近くに建っていた特別養護老人ホームが浸水して14人が亡くなりました。高齢者の暮らす施設であっても、被災の可能性の低い、安全な場所を選んで建てられていないという実態がわかりました。これを含め、県内の死者約70人のうち8割以上が、65歳以上の高齢者でした。

このように近年の災害では、死者が高齢者に集中する傾向がはっきりとみられます。2018年の西日本豪雨でも、阪神・淡路大震災や東日本大震災でもそうでした。高齢者が「災害弱者」になっており、しかも、一人では避難が難しい高齢者が多いことも課題となっています。

球磨川の支流の氾濫で浸水した特別養護老人ホーム「千寿園」。写真の手前側が川 (7月4日撮影)

警戒レベルと各情報の対応

		住民がとるべき行動	市町村が発令する情報	気象庁が発表する情報
大←危険度→小	警戒レベル5	命を守るための最善の行動（すでに災害が発生している状況）	災害発生情報	大雨特別警報、氾濫発生情報
	警戒レベル4	避難	避難指示（緊急）、避難勧告	土砂災害警戒情報、氾濫危険情報など
	警戒レベル3	高齢者・障害者・乳幼児などとその支援者は避難、他の住民は避難準備	避難準備・高齢者等避難開始	大雨警報、洪水警報、氾濫警戒情報など
	警戒レベル2	ハザードマップなどを見て避難行動の確認	ー	大雨注意報、洪水注意報、氾濫注意情報など
	警戒レベル1	情報を集め、心構えを高める	ー	早期注意情報（警報級の可能性）

(内閣府や気象庁のホームページより作成)

小学生に知っておいてほしい ニュースTOP20

7 第7位 テレワークの普及と問題点

感染防止のため「テレワーク」を推進

人と人との接触を減らすためだとして強力に推進されたが、準備不足も

出勤せずテレワークをしている従業員が多いため、閑散とした東京・渋谷区のオフィス（2020年2月20日）

「テレワーク（リモートワーク）」とは、パソコンなどのICT機器を利用して、自宅などオフィス以外の場所で働くことです。以前から呼びかけられていましたが、2020年には新型コロナウイルス感染症対策として、人と人との接触を可能な限り避けることが求められるようになったため、その呼びかけが強化されています。テレワークには確かに利点もありますが、どんな職種でも可能なわけではなく、また、準備不足のまま導入することになった会社が多かったため、さまざまな問題を引き起こしました。

「接触8割削減」のため、多くの企業がテレワークを導入

　緊急事態宣言が出された2020年4月には、「感染を収束させるためには、人と人との接触を8割減らすことが必要」だとされていました。満員電車に乗って都市の中心部のオフィスに出勤し、そこで働くこと自体に感染リスクがあるとされたのです。そのため、以前から行われていた「テレワーク（リモートワーク）」の呼びかけが強化されました。それができないとしても、電車が混雑する時間帯を避けて、出勤時間をずらす「時差出勤」も勧められました。

　満員電車での通勤は体力を消耗し、強いストレスも感じます。それがなくなるのは、確かに大きなメリットです。自宅が遠い、何らかの障害があるなどの理由で通勤が難しい、育児・介護のため長時間家をあけられないなどの事情を抱える人でも、テレワークであれば働き続けられる可能性があり、多様な人材を活用することにもつながります。

　とはいえ、テレワークができる職種は限られているのも事実です。情報を集め、判断して指示を出す管理的な仕事や、具体的な物ではなく情報を扱う仕事でなければならず、そのような職種の人が、労働者全体の8割を占めているわけではありません。医療従事者をはじめ、電気・ガス・水道・交通機関などのライフライン関係者、警察官や消防士、スーパーマーケットやコンビニエンスストアの店員など、社会を維持するためにどうしても出勤しなければならない職種（エッセンシャルワーカー）だけでも、労働者全体の2割を超えるでしょう。「接触8割削減」の実現は、現実的にはとても困難だったといわざるをえません。

また、社会の維持に不可欠とまではいえない仕事をしている会社であっても、ある程度の人数が出勤する必要はあります。それでも、出勤はできるだけ控えるべきだという社会の雰囲気のなかで、これまでテレワークができるかどうかを検討してこなかった会社も突然、導入しなければならない状況になりました。そのため、多くの会社で、機器の用意や制度の整備が追いつきませんでした。その結果、建前としては「テレワーク」であっても、実態は、単なる休業、自宅待機になってしまっていたケースも少なくなかったようです。それでも、今回多くの人がテレワークを経験したことで、今後は、オフィスに集まって働くのが当然という考え方は、大きく変わっていくでしょう。

> ### 「パワハラ防止法」が施行

テレワークで浮かび上がった問題点

- 自宅にテレワークができるスペースや機器がない人、インターネットに接続できる環境がない人もいる。また、夫婦ともにテレワークをしている、子どもがオンライン授業を受けているなどの理由で、自分専用の機器やスペースが確保できない人もいる。
- オンライン会議では、自宅内の様子が映ってしまうため、プライバシー侵害のおそれがある。
- 育児や介護をしながらのテレワークは、しばしば中断されるので集中できない。
- 仕事と私生活のメリハリがつかなくなる。
- セキュリティが甘くなり、情報もれやサイバー攻撃のリスクが高まる。
- 社内の制度がテレワークを想定したものになっていない。たとえば、会社にいる時間を「労働時間」とみなし、その時間によって給料を決めるようになっている。
- 通信費がかさむようになっても、だれがそれを負担するのかが明確でない。会社が負担してくれないこともある。
- 紙の書類にハンコを押すために出勤しなければならないことがある。
- 社外秘の書類や個人情報は社外に持ち出せないため、それを扱う人はテレワークができない。
- 正社員はテレワークが認められても、派遣社員は認められないケースがある。

2019年4月から大企業について施行された「働き方改革関連法」により、残業時間の規制が強化され、会社は、従業員に有給休暇（仕事をせずに休んでいても給料が出る日）を最低でも1年間に5日取得させることも義務づけられました。働きすぎによる「過労死」をなくし、仕事だけでなく私生活も充実させる「ワークライフバランス」を労働者に実現してもらうためです。一方、高度な専門知識などを持つ、高収入の一部の労働者については労働時間を規制しない「高度プロフェッショナル制度」も設けられました。2020年4月からは、中小企業についてもこの法律が施行され、「働き方改革」は、いよいよ待ったなしとなりました。

また、2020年6月1日には、「改正労働施策総合推進法（パワハラ防止法）」が大企業について施行されました。パワハラとは、「パワーハラスメント」の略で、「同じ職場で働く者に対して、職務上の地位や人間関係などの職場内での優位性を背景に、業務の適正な範囲を超えて、精神的・身体的な苦痛を与える、または職場環境を悪化させる行為」と定義されています。具体的には、暴力・暴言・無視などはもちろん、「過大な仕事を与える」「仕事を与えない」「プライベートなことに介入する」などの行為もパワハラですが、テレワークにより仕事と私生活の境目があいまいになり、働いていない時間も上司からひんぱんに連絡がくるなど、新たな問題も起きています。

「セクシャルハラスメント（セクハラ）」や、妊娠した従業員に退職をせまるなどの「マタニティハラスメント（マタハラ）」については、すでに男女雇用機会均等法や育児・介護休業法により、会社はその対策をとることが義務づけられています。

8 外国人観光客が事実上ゼロに

第11位　外国人観光客が事実上ゼロに

ほとんどの国から日本への入国がストップし、観光関連産業は壊滅的打撃

緊急事態宣言が全国に発令され、外国人観光客ばかりか、日本人の姿も消えた京都の嵐山・渡月橋（4月18日）

2020年に入り、新型コロナウイルス感染症が中国の武漢から世界に広がるなかで、日本を含む各国は入国制限を強化し、海外旅行が事実上できなくなりました。しかも、この状況はいつまで続くかわかりません。たくさんの外国人観光客が日本に来てくれることを前提に成り立っていた産業は、業界全体が危機におちいっています。バス会社やタクシー会社、ホテルや旅館、飲食店、小売店などの従業員のなかには、仕事を失ったり、収入が大きく減ったりした人も少なくありません。観光業の存続だけでなく、観光そのもののあり方も問われています。

▶ 外国人観光客の誘致を推進してきたが…

　少子高齢化と人口減少が速いペースで進行している日本で、お金を使う人を減らさないようにして、経済を活性化するにはどうすればよいでしょうか。その答えの1つは、「外国人観光客を増やして、日本で消費をしてもらうこと」でした。そこで2010年代の日本では、国を挙げて、外国人観光客の増加に取り組んできました。ホテルや旅館ではなく、空き家やマ

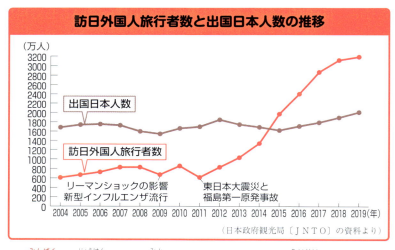

ンションの空き部屋などに有料で人を泊める「民泊」を条件つきで認めるなど、受け入れ態勢を整えてきたのです。その成果か、2013年から2018年までのわずか5年間で、訪日外国人旅行者数は約3倍にもなり、3000万人を超えました。外国人の日本国内での消費を「インバウンド消費」といいますが、その金額も、2017年に初めて4兆円を超え、2019年には約4.8兆円にも達しました。

　2020年に入っても、1月の時点では、外国人の日本旅行はまだ活発でしたが、2月以降、日本でも新型コロナウイルスの感染者が増加するにつれて、各国では日本への渡航自粛を呼びかけるようになり、中国以外からの観光客も減り始めました。3月には欧米でも感染拡大が深刻になり、逆に日本側から、外

国人の入国を止めるようになったため、4月には、訪日外国人旅行者が約2900人になりました。前年4月と比較すると、99.9％もの減少で、それまでにぎわっていた空港、ホテル、百貨店、観光地などから、人の姿が消えました。

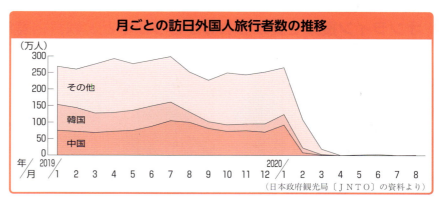

観光関連産業に大きな打撃

こうして、2020年の春からは、外国人の日本旅行が事実上ゼロになったばかりか、一時は日本人の国内旅行まで自粛を求められる事態にもなりました。そのため、飛行機、鉄道、バス、タクシーなどの交通機関、ホテルや旅館などの宿泊施設、飲食店、小売店などの利用者（売り上げ）が激減し、多くの会社が倒産・廃業に追いこまれました。そこまではいかなくても、経営が悪化し、従業員をやめさせざるをえなくなったところは少なくありません。この事態が長期化すれば、観光バスやタクシーの会社、ホテルや旅館、土産物店などで働いている人の多くは、生活のために他の業界に移っていくことになるでしょう。そうなれば、再び外国人観光客を迎えられる状況になったときに、その受け入れに携わる人がいなくなってしまいます。

持続可能な観光を考える機会に

外国人観光客を受け入れれば、日本では発生していない感染症が持ちこまれるおそれはもともとありました。また、特定の国からの観光客に依存しすぎることも一定のリスクをともないます。そう考えると、外国人観光客のみに頼った経済の活性化は、そもそも持続可能なものではなかったともいえます。つい最近までは、観光客が増えすぎたこと（オーバーツーリズム）による電車やバスの混雑、交通渋滞、観光客のマナー違反の行動などによる「観光公害」が、大きな問題になっていました。今後は、観光客の数を増やすことばかりを考えるのではなく、観光のあり方そのものを見直さざるをえないでしょう。

2019年9月、観光客でにぎわう京都・祇園の花見小路通。「観光公害」を防ぐため、外国人にもわかるように禁止事項を絵で示した看板が設置されていた

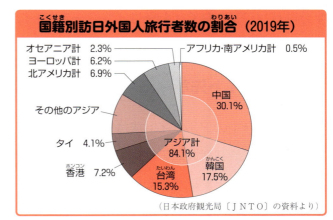

9 「教育を受ける権利」が危機に

第15位　オンライン授業と教育格差の拡大

オンライン授業を受けられるかどうかなど、教育格差が世界的に拡大

自宅でオンライン授業を受ける中国・河北省の邯鄲市の子ども（2020年2月）

　新型コロナウイルス感染症の流行により、日本でも海外でも、子どもたちの「教育を受ける権利」がおびやかされています。一時は、ほぼ全世界の子どもが、学校に集まって授業を受けることができなくなったため、各国でインターネットを利用した「オンライン授業」が行われました。しかし、発展途上国の子どもや、先進国でも貧困層の子どもは、必要な機器を持っていないなどの理由でオンライン授業を受けられず、教育格差が大きな問題になっています。日本では、学校への情報通信機器の導入が遅れていることも浮き彫りになりました。

オンライン授業が実施されたが、教育格差が問題に

　日本では、休校期間中にオンライン授業をどの程度実施したかは、学校による格差が目立ちました。特に公立校では、パソコンやタブレットなど必要な機器をそろえることができない家庭にも配慮しなければならないとして、オンライン授業の実施に踏み切ることができず、紙の宿題を大量に出しただけで終わってしまった学校も多かったようです。

　これはもちろん、日本だけの問題ではありません。国連教育科学文化機関（ユネスコ）は4月21日、世界の191か国・地域が全土で学校を休校しており、学校で授業を受けられなくなっている子どもは少なくとも15億人に上るとして、憂慮するコメントを発表しました。もちろん、「学びを止めない」ために、多くの国ではオンライン授業などを実施しました。しかし、ユネスコによれば、家で学習する子どもの約半分はパソコンがなく、43％はインターネットに接続できる環境がないとのことです。十分な教育を受けられなかった人が多くなることが、世代を超えた「貧困の連鎖」の原因になりうることも心配されます。

アルバイト先がなくなった大学生が困窮

　日本の大学生のアルバイト先は飲食店などのサービス業が中心ですが、4月から5月にかけては、その飲食店の休業や営業時間の短縮により、アルバイトができなくなって収入がなくなり、困窮する大学生が増えました。キャンパスも閉鎖され、講義はオンラインで行われるようになりましたが、学生は、ただでさえ経済的に苦しい状況に追いこまれたのに、オンライン講義を受講するための機器を購入しなけ

ればならないという、二重の負担を強いられました。その後も不景気が続いているため、中退を考えなければならないほど追い詰められている大学生は少なくありません。友人を作る機会がない、理工系の実験や、医療の現場などでの実習ができない、図書館など大学の施設を利用できないといった問題もあります。

「9月入学」をめぐって賛否両論

　学校生活が何か月も失われたことにより、心配されたのは学習の遅れだけではありません。スポーツの大会や各種コンクールなど、クラブ活動の成果を発表する行事も中止が相次ぎました。そのため、一部の高校生からは、卒業を5か月遅らせ、学校生活を取り戻すために、「この機会に日本でも9月入学を」という声が上がりました。欧米の主要な国は9月入学が多いので、留学などをしやすくするために、日本も「グローバルスタンダード(世界標準)」に合わせるべきだという議論は、以前からあったので、一時は真剣に検討されました。

　しかし実際には、9月入学でない国もかなりあります。たとえば、韓国では3月、インドでは4月で、日本が9月にすると、これらの国から日本への留学は逆に難しくなってしまうことも考えられます。また、日本では、4月から翌年3月までが「会計年度」であり、あらゆることがこのサイクルで動いています。小学校・中学校・高校の入学時期を9月にするには、たくさんの法律を改正しなければなりません。新型コロナウイルス対策に追われるなかで、そのような余裕はありませんでした。さらに、「4月生まれから翌年8月生まれまでが同じ学年になり、人数が多くなってしまう学年が生じる」「就学期間が5か月延びた分の学費はだれが負担するのか」といった問題も指摘され、近い将来の9月入学への移行は見送られました。

おもな国・地域の入学時期（学年暦の始まる月）

1月	マレーシア、シンガポール
2月	オーストラリア、ニュージーランド、ブラジル
3月	韓国、アルゼンチン
4月	日本、インド
5月	タイ
6月	フィリピン
8月	台湾
9月	中国、ベトナム、インドネシア、イギリス、フランス、ドイツ、イタリア、ロシア、アメリカ、カナダ、メキシコ

文部科学省ホームページなどより。同じ国でも州などにより、また学校の種類により異なる場合がある

博物館や図書館も長期休館

　子どもたちの学びの場としては、学校以外に博物館や図書館も重要ですが、こうした施設までも、都道府県による休業要請の対象になり、長期間の休館を強いられました。6月ごろから、徐々に再開されていきましたが、入館者数を制限したところが多くありました。「完全予約制にする」という対応をしたところもありました。9月の時点でも、多くの博物館ではそのような対応を続けています。

6月1日に再開された東京・上野の国立科学博物館。入館は予約制としたほか、館内のタッチパネルは感染を防ぐため、使用禁止とされた

10　第16位　少子高齢化と人口減少
出生数がついに90万人割れ、人口減少が加速

年金制度の維持も困難になり、「70歳まで働く社会」は目の前に

9月1日、徳島県庁内に県の国勢調査実施本部を設置する飯泉嘉門知事（左）

　厚生労働省が発表した2019年の人口動態統計によると、国内で生まれた日本人の子どもは約86.5万人で、初めて90万人を割りました。また、国内で死亡した日本人は約138.1万人で、差し引き51.6万人の減少となりました。**人口の自然減は13年連続**で、減少幅が50万人を超えたのも初めてです。これは宇都宮市や松山市の人口に近い数字であり、こうした県庁所在地が毎年1つずつなくなっていくくらいのペースで人口が減少しているのです。**高齢化**も進み、年金などの制度を維持していくことが、ますます困難になりつつあります。

もはや止められない少子化

　合計特殊出生率とは、1人の女性が一生のうちに何人の子どもを産むことになるかを表す数値です。人口を維持するためには、一般的に2.07は必要とされますが、人口動態統計によると、2019年の日本のこの数値は1.36で、2018年の1.42より0.06下がりました。これでも、2005年に記録した史上最低の1.26よりは高いのですが、出生数自体は、そのときより少なくなっています。これは、出産可能な年齢の女性の数そのものが減少しているからです。

　2005年のころは、**第二次ベビーブーム（1971～74年）**の時期に生まれた、前後の世代より人口が多い**「団塊ジュニア世代」**が出産の時期を迎えていたため、合計特殊出生率が低くても、この年の出生数は106.3万人ありました。団塊ジュニア世代は、ちょうど大学を卒業したころに景気が悪く、**「就職氷河期」**といわれるほど就職が困難でした。**非正規雇用**などで不安定な生活を強いられ、子どもを持つことをあきらめた人も多いのです。団塊ジュニア世代に効果的な支援ができなかったことも、少子化が加速した要因の1つといえるでしょう。

出生数と合計特殊出生率の推移

（厚生労働省「人口動態統計」より）

「70歳まで働く社会」に

一方で、高齢化も進んでいます。総務省の人口推計によると、2020年9月1日現在の日本の総人口は約1億2581万人で、そのうち14歳以下の子どもは12.0％、15〜64歳（現役世代）は59.3％、65歳以上の高齢者は28.7％でした。このような状況で、年金保険・介護保険・医療保険などの制度を維持するためには、高齢者への給付を減らすとともに、働いて税金や保険料を納める世代の負担をさらに増やさざるをえなくなります。そこで、「65歳以上」とされている高齢者の定義を変えて、「75歳以上」を高齢者とすることも検討されています。

現在、年金の支給開始年齢は原則として65歳から（支給開始年齢を繰り下げる代わりに、1回の支給額を増やすことも可能）ですが、定年は60歳とする企業が多くなっています。そのため企業には、本人の希望があれば、その従業員を65歳までは継続して雇用することが、「高年齢者雇用安定法」で義務づけられるようになりました。2020年には、この法律がさらに改正され、企業には、70歳までの人の働く機会を確保する努力義務が課されることになりました。改正法は2021年4月から施行され、いよいよ「70歳まで働く社会」がやってきます。

総人口と年齢別人口の推移

※出生率・死亡率とも中位と仮定した場合の推計

（国立社会保障・人口問題研究所が2017年に発表した資料より）

初の国勢調査から100年

国勢調査とは、各世帯に調査票を配って、家族一人ひとりについて、年齢、性別、結婚しているかどうか、どこに通勤・通学しているか、どんな職業についているかなどを調べるものです。集められたデータは国の政策決定などに役立てられます。

日本で初めて国勢調査が行われたのは、大正時代の1920年のことです。それからちょうど100年にあたる2020年の国勢調査の調査票は、新型コロナウイルス感染症の拡大防止のため、調査員が直接対面して渡すことは原則として避け、郵便受けに入れてもよいことになりました。そして、郵送またはインターネットで、10月1日現在の状況を回答してもらいました。今回は10月7日時点で、全体の約37.6％がインターネットで回答しました。

100年前は、人口も寿命も現在の半分だった！

	1920年	現在
人口	5596万3053人（植民地は除く）	約1億2581万人（2020年9月）
14歳以下	36.5%	12.0%
15〜64歳	58.3%	59.3%
65歳以上	5.3%	28.7%
合計特殊出生率	5.11（1925年）	1.36（2019年）
平均寿命	男性42.06歳（1921〜25年）女性43.20歳（1921〜25年）	男性81.41歳（2019年）女性87.45歳（2019年）

※人口は、1920年は国勢調査、現在は総務省の「推計人口」。合計特殊出生率は厚生労働省の「人口動態統計」、平均寿命は厚生労働省の「完全生命表」「簡易生命表」

小学生に知っておいてほしい ニュースTOP20
第19位 中国に依存したサプライチェーンの見直し

中国に依存したサプライチェーンは見直しへ

どうしても必要な物の供給を特定の国や地域に頼ることの問題点が明らかに

品不足のため、「マスクは1人1点限り」という掲示の出された東京都内のドラッグストアの店頭（3月1日）

新型コロナウイルス感染症は中国の武漢市で最初に発生したため、まず中国で経済活動が止まり、さまざまな物の日本への輸出がとどこおるようになりました。自動車などの部品の供給が断たれたため、日本の工場でも生産がストップしましたが、それだけでなく、マスクをはじめとした医療物資や、住宅建設時に必要とされる水回り製品も不足したのです。このことを教訓に、どうしても必要な物を特定の1つの国からの輸入に頼っていてよいのかという議論がさかんになっています。そして実際に、マスクなどの国産化、輸入先の多角化が進められています。

中国からの部品が止まり、国内の工場もストップ

　自動車などの組み立て工場には、下請けの部品工場から、「必要な部品が、必要な数だけ、必要な時間に」届けられるため、組み立て工場は余分な在庫を持たなくてよいようなしくみがあります。このしくみは「かんばん方式」とも「ジャスト・イン・タイム方式」ともいわれます。いわば、極限まで効率を追求しているわけですが、この方式が成り立つには、部品工場が通常通りに操業し、その部品を組み立て工場に運ぶための交通網も機能していることが必要です。こうした部品など原材料の入手から、製品の製造・販売を経て、消費者の手に渡るまでの一連のつながりを「サプライチェーン」といいます。

　こうした部品の多くは、中国や東南アジア諸国から輸入されていますが、新型コロナウイルス感染症の拡大を受け、その中国で経済活動が止まり、中国からの輸入がとどこおるようになったため、日本国内の工場もストップしたり、生産の縮小を余儀なくされたりしました。

　2011年の東日本大震災でもサプライチェーンの混乱がありました。被災地の工場から自動車などの部品の供給が止まったために、被災しなかった地域の工場でも、生産がストップしたのです。行き過

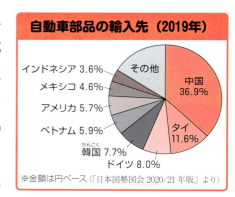

自動車部品の輸入先（2019年）
インドネシア 3.6%
メキシコ 4.6%
アメリカ 5.7%
ベトナム 5.9%
韓国 7.7%
ドイツ 8.0%
タイ 11.6%
中国 36.9%
その他
※金額は円ベース（「日本国勢図会 2020/21年版」より）

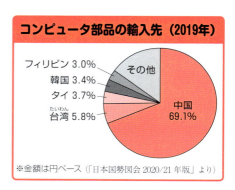

コンピュータ部品の輸入先（2019年）
フィリピン 3.0%
韓国 3.4%
タイ 3.7%
台湾 5.8%
中国 69.1%
その他
※金額は円ベース（「日本国勢図会 2020/21年版」より）

ぎた効率の追求をすると、非常時にはかえって被害が大きくなってしまうということがわかりました。

工場の生産ストップの原因は、はじめは、グローバルサプライチェーンの混乱でしたが、やがて、世界的な不景気におちいることが確実になり、生産しても売れる見こみがなくなったからという理由で、一時的に生産を止める工場も出てきました。こうした工場の生産ストップは、その工場のある地域の経済に、非常に悪い影響を与えました。

マスクなど医療物資も不足

3月から4月にかけては、職場などでマスクの着用が勧められるようになったにもかかわらず、ドラッグストアを何軒回っても売り切れで、手に入れることができないという状況が続きました。そのため安倍首相(当時)は4月、政府がすべての世帯に布マスクを2枚ずつ配布することを発表しました。こうした事態になったのは、それまでマスクを着用する習慣のなかった人までが買い求めるようになり、急激に需要が拡大したためですが、大半を中国からの輸入に頼っていたためでもあります。その中国で感染症が発生し、経済活動が一時止まったため、マスクの生産も日本への輸出もストップしたのです。

また、2月末ごろから、トイレットペーパーも中国から輸入されているから手に入りにくくなるといううわさが流れ、多くの人が買いだめに走ったため、実際に店頭からトイレットペーパーがなくなるという事態になりました。1973年の第一次石油危機(オイルショック)のときとまったく同じことが起きたのです。しかし、トイレットペーパーは、ほとんど国内で生産されています。つまり、根拠のないデマだったわけですが、それを信じる人が多くなると、本当に物不足を引き起こしてしまうのです。

中国からの輸入が止まって不足したのは、むしろ「トイレ」そのものです。トイレ、ユニットバス、システムキッチンなど、住宅の水回り製品も、大半を中国からの輸入に頼っていたのです。戸建て住宅やマンションなどは、他の部分がすべて完成していても、トイレがないのでは、当然、完成したことにはならず、購入者に引き渡すこともできません。新型コロナウイルス感染症は、住宅業界にも大きな影響を与えました。

トイレットペーパーをまとめ買いする人々
(横浜市都筑区で、3月6日)

生産拠点や輸入先の分散も必要に

さまざまな製品の国内での生産を縮小し、中国をはじめとした国々で生産して輸入するようになったのは、そうした方が、コストが安いからです。国内の工場で人を雇って、日本の物価に見合った給料を払うと、人件費が高くなります。日本よりは物価が安い国で生産すれば、人件費が安くてすむので、できた製品をその国から運んでくる輸送費がかかっても、全体的にはコストが安くなるというわけです。

しかし、今後はリスク管理のために、国内生産の割合を増やす、複数の国からの輸入を進めるなどの方策を考えていく必要があるかもしれません。

12 休校・休業で大量の「食品ロス」が発生

小学生に知っておいてほしい ニュースTOP20
第20位 休校・休業などによる食品ロスの増加

学校、飲食店、百貨店などに供給されるはずだった食材が、突然の休校・休業でむだに

生活困窮世帯に無償で提供された給食の食材（3月6日、鳥取市で）

「食品ロス」とは、消費期限・賞味期限が過ぎた、またはせまっているなどの理由で、本来なら食べることができたはずの食品が捨てられることをいいます。そんな「もったいない」ことを減らすため、2019年5月、「食品ロス削減推進法」が成立し、10月に施行されました。しかし、2020年には、新型コロナウイルスの感染防止対策としての学校の休校、飲食店などの休業により、用意されていた食材が行き場を失い、大量の食品ロスが発生してしまいました。こうした食品の廃棄を避けるため、生活が困窮した人などに提供する取り組みもありました。

新型コロナウイルス対策は、見方を変えれば食品ロス発生の原因に

　日本では、食品ロスの量が1年間に600万トンを超えています。これは日本の私たち全員が毎日、茶わん

600万トン＝60億キログラム＝6兆グラム
6兆グラム÷365日＝約164億グラム
約164億グラム÷1億2600万人＝約130グラム（ごはん茶わん1ぱい分）

1ぱい分のごはんを捨てている計算ですが、世界には栄養不足に苦しむ人も多いのに、あまりにも「もったいない」ことです。そこで2019年、「食品ロス削減推進法」が成立し、施行されました。

　ところが、2020年には、新型コロナウイルス感染防止のためのさまざまな対策が、大量の食品ロスを発生させる原因になってしまいました。まずは、突然の休校による給食の食材の廃棄です。安倍首相（当時）は2月27日、全国の学校の3月2日からの臨時休業を要請しましたが、多くの業者はこの時点で、3月分の給食の食材を用意しており、それがむだになりました。その一部は、「フードバンク」の活動をしている特定非営利活動法人（NPO）などに提供され、貧困のため十分な食事がとれない子どもに無料で食事を提供する「子ども食堂」などの食材として使われましたが、それでも、かなりの量が廃棄されたものと思われます。特に牛乳は、生きている牛からしぼるのですから、需要が急に減ったからといって生産を減らすことは難しく、大量に余ることになりました。

ワンポイント解説

フードバンク

　食品としての品質には問題がないにもかかわらず、大きさや形が規格を外れている、包装に不備があったというような理由で、商品にならなくなった食品を企業などから引き取り、食べ物に困っている人や施設などに提供する活動のこと。

続いて、4月に入ると、飲食店、百貨店の休業や、営業時間短縮が相次ぎました。これにより、こうした店に納入される予定だった食材が行き場をなくしました。ふだんはスーパーマーケットには出回らないような高級食材が格安で販売されているのを、あちこちで見かけたのはそのためです。また、観光地の土産物店で売られている菓子なども「食品ロス」になりました。観光旅行の自粛が求められ、観光客が限りなくゼロに近くなったためです。日持ちのする菓子は、事態がこれほど深刻化する前に、例年通りの数の観光客が来るという前提でそれに見合った量がつくられていましたが、むだになりました。そのような食品の一部はインターネットで販売されましたが、それを購入して事業者を支援しようという動きもありました。

買いだめも食品ロス発生の原因になったと考えられます。あせって買いだめをした食品を、結局食べきることができず、最終的には捨てた人もいたのではないでしょうか。

ワンポイント 解説

消費期限と賞味期限

消費期限とは、弁当、サンドイッチ、ケーキなど傷みやすい食品や生鮮食品について、安全に食べられる期限を示したもの。過ぎたら食べないほうがよい。一方、賞味期限とは、スナック菓子、カップめん、缶詰など傷みにくい加工食品について、おいしく食べられる期限を示したもの。過ぎてしまっても、すぐに食べられなくなるわけではない。

今後、食料不足もありうる事態に

国連児童基金（ユニセフ）や国連食糧農業機関（FAO）の発表によると、世界で食料不足に苦しむ人の数は、約8億2000万人（2018年）にも上り、特にインドなどの南アジアと、サハラ砂漠以南のアフリカに集中しています。2020年に入ってからは、新型コロナウイルス感染症の影響で世界的に景気が悪化し、失業者が増えていることから、貧困のため必要なだけの食料を買えない人は、今後さらに増えていきそうです。農作物を食い尽くしてしまうサバクトビバッタが、東アフリカで大量発生し、アジアにも広がりつつあることも心配です。

食料生産の人手を外国人労働者に頼っている国もありますが、労働者の国境を越えた移動が困難になったため、そのような国では農作業に支障が生じ、生産が減ることも考えられます。日本も例外ではなく、ベトナム、中国などからの技能実習生が一時は入国できなくなったため、農業などでは人手不足が起きています。今回のような非常事態には、各国とも、自国民を守ることが最優先になるため、食料の輸出を規制する動きも広がっています。

ところが、日本の食料自給率はカロリーベースで38%、生産額ベースでも66%（2019年度）という状況です。当たり前のことですが、改めてふだんの食生活を見直し、食品ロスを減らす努力をしなければなりません。

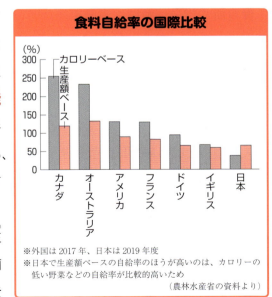

食料自給率の国際比較

※外国は2017年、日本は2019年度
※日本で生産額ベースの自給率のほうが高いのは、カロリーの低い野菜などの自給率が比較的高いため

（農林水産省の資料より）

13 浮き彫りにされた男女格差

女性には感染リスクの高い医療やサービス業の従事者、非正規雇用者が多く、男性より影響大

登園時に手指をアルコール消毒してもらうなどの感染対策をして、通常通り開園を続けた保育所（3月16日、横浜市で）

新型コロナウイルス感染症による影響は、外国人労働者や非正規雇用者など、立場の弱い人たちにとって、より深刻なものでした。子育てや介護を担うことが多い「女性」もその一例といえます。感染リスクの高い医療・介護の現場やサービス業は、女性に支えられているにもかかわらず、働けなくなった女性が続出しました。また、外出の自粛により、ドメスティック・バイオレンス（DV）と呼ばれる配偶者間などの暴力が増加しましたが、その被害者になったのもほとんどが女性でした。

休校や保育所の登園自粛で、働けなくなった女性が続出

　子どもを持つ親にとっては、学校が保育所の代わりになっている面があります。子どもが昼間、学校に行っているからこそ、親は安心して働くことができていました。ところが、突然の休校要請により、幼い子どもが家にいるようになり、預けられるところがないために仕事を休まざるをえなくなった親が続出しました。その多くが母親、つまり女性でした。

　保育所や学童保育は、濃厚接触が避けられない場所ですが、休業要請の対象とはされませんでした。子どもを預けて働きたい親にとっては、どうしても必要な施設と考えられたからです。それでも、4月に入って緊急事態宣言が出されると、臨時休園とする保育所や、登園自粛を求める保育所が増えてきました。両親とも医療従事者など、特別な事情のある子どもしか預からないといった対応をしたところもありました。このため、女性を中心に、子どもを預けることができなくなった多くの人が働けなくなり、収入が減るという事態に直面しました。特に、「シングルマザー」のうち、働きながら子どもを育てている人は非常に厳しい状況におちいりました。

　女性の多い職場の最たるものが医療の現場です。看護師の90％以上が女性だからです。その一部が、子どもを預けられないという理由で欠勤しただけで、職場が機能しなくなり、「医療崩壊」につながるおそれがあるとして、感染者の少ない地域も含めた全国一斉の休校を批判する意見も多くありました。また、今回のような感染症の流行のとき、最も危険な職場は、言うまでもなく病院です。実際に、たびたびクラスター（感染者の集団）も発生しました。クラスターは高齢者の介護施設でも発生しましたが、そこ

54

で働いている人の多くは女性です。介護については、「都道府県をまたぐ移動の自粛」が求められたため、大都市圏に住んで働きながら、地方の実家に住む親などを「遠距離介護」していた人たちの生活も困難に直面してしまいました。

スーパーマーケットは、おもに食品や生活必需品を販売しているため、日常生活を維持するために絶対に必要な施設だとみなされて、休業要請の対象にはなりませんでした。その店員をはじめ、直接人に接してサービスをする職業も、感染リスクがあるといえますが、そのような職業も女性の割合が高い傾向があります。つまり女性は、男性以上に職場での感染のリスクにさらされていたということです。

仕事そのものを失った女性も少なくありません。休業要請などにより失業したり、収入が減ったりしたのは、派遣社員、契約社員、アルバイト、パートタイマーなどの非正規雇用者が中心でしたが、非正規雇用者は、約3分の2が女性です。男性の雇用者のうち、非正規雇用者は2割をやや上回る程度ですが、女性の場合、半分以上が非正規雇用者なのです。「女性の貧困」は以前から問題になっていましたが、新型コロナウイルス感染症は、それをいっそう悪化させたのです。

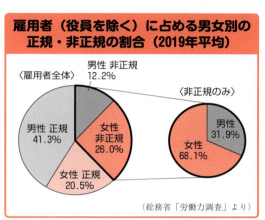

雇用者（役員を除く）に占める男女別の正規・非正規の割合（2019年平均）

〈雇用者全体〉
男性 非正規 12.2%
男性 正規 41.3%
女性 非正規 26.0%
女性 正規 20.5%

〈非正規のみ〉
男性 31.9%
女性 68.1%

（総務省「労働力調査」より）

世界的にDVや子どもの虐待が増加

こうした困窮した人たちに急場をしのいでもらうため、政府は「特別定額給付金」として、国内に住む人に一律10万円を給付しましたが、「世帯主」に、その世帯の全員分をまとめて給付する制度になっていました。そのため、暴力をふるう夫から逃れて別居している妻などは、事情によっては受け取れないこともありえます。もちろん、そのような事情のある人も受け取れるような配慮はなされましたが、家族全員分をまとめて受け取った夫のなかには、お金を家族には渡さず、独り占めにしてギャンブルなどにつぎこんでしまった人もいたようです。これらのことから、なぜ個人に給付する制度にしなかったのかとの批判もありました。

世帯とは、同じ家に住み、生計をともにする人の集団のことで、その世帯の代表者が世帯主です。夫婦だけの世帯、または夫婦と子どもによる世帯では、ほとんどの場合、夫が世帯主になっているのが実態です。だから「世帯主に給付する」ことは、結果的に女性差別になってしまうおそれがあります。

また、世界各地で外出の禁止・自粛により、もともと不和をかかえていた夫婦などの間で、ドメスティック・バイオレンス（DV）が増加しました。子どもに対する虐待も増えたようです。こうした家庭内暴力の増加は、適度に距離を置くことが必要だったにもかかわらず、それができなくなった結果ともいえます。

DVや虐待の被害者にとっては、家は安全どころか、命の危険さえある場所だったわけです。感染症の拡大を抑えながらも、こうした人々を支援していく方策も必要となるでしょう。

14 東京都知事選挙で現職の小池百合子氏が再選

新型コロナウイルス感染への警戒が続くなか、その対策のあり方が争点に。選挙運動も様変わり

7月5日午後8時、東京都知事選挙の開票が始まってすぐに当選確実となり、花束を受け取る小池百合子氏

2020年7月5日、**東京都知事選挙**の投票・開票が行われ、現職の**小池百合子知事**が、前回獲得した約291万票を上回る約366万票を集めて圧勝しました。今回の選挙の争点は、何といっても**新型コロナウイルス感染症**対策のあり方と、2021年に延期されることになった**東京オリンピック・パラリンピック**開催の是非でした。小池氏は感染拡大を防ぐためだとして、街頭演説を一度も行わないなど、選挙運動も様変わりしました。投票所にもビニールシートが張られ、記載台の間隔をあける、鉛筆を消毒するなどの感染防止対策がなされました。

争点は新型コロナウイルス対策とオリンピック・パラリンピック

今回の東京都知事選挙には史上最多の22人が立候補しましたが、小池知事の新型コロナウイルス感染症対策について、他の主要候補者はこれを批判し、貧困層や自営業者などを追い詰めるような自粛要請に反対しました。オリンピック・パラリンピックについては、小池氏は新たな予定通り、2021年の開催を主張しましたが、他の主要候補者は中止、または2024年などへの延期を主張しました。

東京都は、他の都道府県に比べると税収が豊かです。これまでの知事は約20年かけて、いざというときのための「貯金」ともいえる「財政調整基金」を9000億円以上もためてきました。しかし、小池知事は、今回の新型コロナウイルス感染症対策で、その大部分を使い切りました。2期目は、財政の立て直しも課題になりそうです。

なお、2020年5月には、**東京都の推計人口が1400万人を突破**しました。その内訳は、23区が約970万人、多摩地区が約428万人、伊豆諸島・小笠原諸島が約2万5000人です。1300万人を超えたのは2009年なので、この11年で100万人増えたことになり、**東京への一極集中**がいっそう進んだことがわかります。6月以降は、人口はやや減少していますが、今後、人々の移動が以前のように活発になれば、2025年ごろまでは人口が増加していくと考えられています。

主要な候補者と選挙結果

	年齢	政党・前職など	得票数
小池百合子	67	現職東京都知事	366万1371票
宇都宮健児	73	日本弁護士連合会元会長 立憲民主党、日本共産党、社会民主党支援	84万4151票
山本太郎	45	れいわ新選組代表	65万7277票
小野泰輔	46	前熊本県副知事（東京都出身） 日本維新の会推薦	61万2530票

選挙運動や投票所も様変わり

新型コロナウイルス感染症が流行していても、選挙は「不要不急」ではないとされ、実際に、緊急事態宣言発令中に行われた選挙もありました。とはいえ、選挙運動も投票所も、従来は、多くの人が集まるのが当たり前でした。それを避けるため、今回の東京都知事選挙では、選挙運動も様変わりしました。たとえば、街頭演説は行わないか、行うとしても人が集まりすぎるのを避けるため、事前にその場所を告知しないようになりました。もちろん、候補者との握手などはなしです。

また、投票所では、投票用紙に候補者の名前を書くときの記載台の間隔をあける、鉛筆は頻繁に消毒する、鉛筆の持ちこみも認めるなどの対策がなされ、期日前投票も積極的に呼びかけられました。東京都の選挙当日の有権者は約1129万人でしたが、投票率は55.00%で、前回を下回りました。期日前投票をしたのは約175万人と過去最多で、有権者全体の約15%でした。

受付にビニールシートが張られるなどの感染防止対策がなされた投票所（荒川区）

国と地方の役割分担がうまくいかず、対立も

新型コロナウイルス対策をめぐっては、国と地方の対立も目立ちました。政府は経済への影響を考えて、緊急事態宣言を出すことには慎重だったのに対し、都道府県知事の多くは、早く緊急事態宣言を出すべきだと主張していました。

「新型インフルエンザ等対策特別措置法」では、国と地方の役割分担を定めています。緊急事態宣言を出すかどうかを決めるのは内閣総理大臣ですが、それが発令されている期間中、外出の自粛や休業を要請するかどうかを決めるのも、休業を要請するならその業種を決めるのも都道府県知事です。ところが、緊急事態宣言が出された直後には、どのような業種に休業を要請するか、その範囲をめぐって国と地方が対立しました。また、緊急事態宣言が出る前や解除された後も、都道府県知事が外出の自粛や休業を要請していましたが、その法律的根拠はあいまいです。7月からは、国は苦境におちいった観光業者を支援するために、旅行する人に補助金を出すようになりましたが、一方で、引き続き移動の自粛を求めていた都道府県もあり、国と地方の不一致が目立ちました。

都道府県知事のうち、たびたび記者会見を開き、小池百合子・東京都知事と並んで注目を集めたのが吉村洋文・大阪府知事です。吉村知事は、「大阪都構想」の是非を問う大阪市民対象の住民投票を、11月に実施しようとしています。これは、大阪府と大阪市の二重行政のむだを省くため、大阪市を廃止してその組織を大阪府の組織と統合しようとするもので、現在の大阪市の24の区は、4つの特別区に再編する計画です。「大阪都構想」の是非を問う住民投票は2015年にも行われ、このときはわずかな差で否決されていますが、今度はどのような結果になるか注目されます。

15 外国人労働者の解雇が続出

失業しても帰国することができず、日本国内で困窮する外国人も

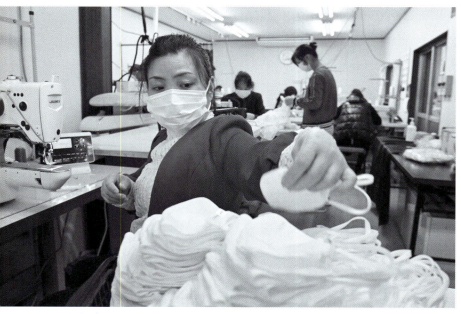

注文が激減した岐阜県の衣料製造メーカーでは、外国人技能実習生の雇用を守るため、布製マスクの製造を始めた（4月）

深刻な人手不足を背景に、日本は2019年から、**外国人労働者**の本格的な受け入れにかじを切ったわけですが、その矢先、**新型コロナウイルス感染症**対策としての外出自粛要請や休業要請により、外食、宿泊のほか、製造業も大打撃を受け、たくさんの会社の経営が悪化しました。これらは外国人労働者が多い業種でもあったので、かなりの数の外国人が解雇されました。なかには帰国もできず、日本国内にとどまったまま困窮している外国人もいます。こうした外国人に対し、再就職を支援するなどの取り組みが求められています。

外国人に頼っていた外食、宿泊などの業種が大打撃

2019年4月、改正された「**出入国管理及び難民認定法（入管法）**」が施行されました。それまでも、アルバイトをする留学生や、「**外国人技能実習制度**」により来日した「**技能実習生**」などは多くいましたが、そのほかに、「**特定技能**」を持つ外国人を正式に労働者として受け入れることになったのです。深刻な人手不足の解消のためでした。

この「特定技能」という在留資格を得るには、試験に合格して、日本語での日常会話がある程度できて生活に支障がないと認められることが必要です。対象となるのは、「特定技能1号」の場合、介護、外食、建設、宿泊、農業など14業種です。3年以上の経験のある技能実習生は、試験なしで在留資格を「特定技能1号」に切り替えることができます。ただし、家族を呼び寄せることはできず、在留できるのは通算で5年までです。一部の業種では、より高度な試験に合格して「特定技能2号」になることもでき、家族を呼び寄せることも可能になります。

政府は2019年度からの5年間で、最大で34万5000人あまりの受け入れをめざしていますが、2020年3月末の時点で、「特定技能」の資格で在留する外国人は、3987人にとどまっています。そのうち2316

外国人労働者数の推移（各年の10月末現在）

165万8804人

（厚生労働省「外国人雇用状況」の届出状況まとめより）

人がベトナム人で、大半が技能実習生からの移行です。

ところが、こうして外国人労働者の本格的な受け入れにかじを切った矢先に、「コロナショック」に見舞われたのです。外食、宿泊などの業種は大打撃を受け、製造業も、中国に依存していたサプライチェーンの寸断や、不景気による需要の縮小などによって、生産を減らさざるをえなくなりました。そのため、これらの業種で働いていた外国人の解雇（雇っている側から従業員をやめさせること）が続出したというわけです。

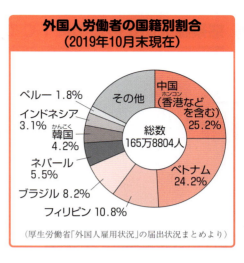

外国人労働者の国籍別割合（2019年10月末現在）

総数 165万8804人
- 中国（香港などを含む） 25.2%
- ベトナム 24.2%
- フィリピン 10.8%
- ブラジル 8.2%
- ネパール 5.5%
- 韓国 4.2%
- インドネシア 3.1%
- ペルー 1.8%
- その他

（厚生労働省「外国人雇用状況」の届出状況まとめより）

「外国人技能実習生」とは

もともと「外国人技能実習制度」というのは、農林水産業や工業などの分野で、外国人の「技能実習生」に働きながら各種の技術を身につけてもらい、それを帰国後、自国の発展に役立ててもらうためのものでした。本来の趣旨を考えると、不景気になったからといってやめさせるのはおかしいのですが、そういうことが多発したのは、この制度が目先の人手不足を解消するための手段になってしまっていたからでしょう。なかには、同じ条件で働いていた日本人もいたにもかかわらず、外国人だけを解雇した会社もありました。これはもちろん差別にあたります。アパートなどの家賃も払えなくなって、住むところも失った外国人もいましたが、「母国が国境を閉鎖した」「飛行機の運航が停止された」などの理由で帰国できなくなってしまい、国内にとどまったまま困窮するケースもありました。

もちろん、失業した外国人を支援しようという活動もさかんに行われています。技能実習生は本来、自分が学ぶべき技能以外の業種で働くことは認められていないのですが、非常事態なので、繊維・衣服関係の仕事についていた技能実習生がマスクなど医療物資を生産することが、例外的に認められました。

外国人の来日が一時困難に

3月から4月にかけて、日本は多くの国を入国拒否の対象としました。これは、あくまでも感染防止のためですから、その時点で国内にいた外国人の帰国を促したわけではありません。しかし、いったん日本を出てしまうと、再び来日することは、原則として認められなかった時期がありました。母国から親が亡くなったという知らせが来ても、いったん帰国すると日本への再入国ができないおそれがあったため、やむなく葬式への参列をあきらめたという外国人もいました。

外国人の新たな来日が一時、難しくなったため、農業などは人手不足におちいっています。そこで、工場、ホテル、飲食店などを解雇された外国人を支援して、こうした産業に再就職してもらう取り組みが行われています。

こうした状況を改善するため、10月からは、観光客などを除く外国人の入国が、本格的に再開されました。留学生や技能実習生の新たな来日も再び可能になっています。

16 監視社会化に賛否両論

感染拡大防止のためにICTを利用。プライバシーの侵害を心配する声も

シンガポールの公園をパトロールする犬型ロボット。人が集まっていると近づいてきて、「社会的距離を保ってください」と警告する

　新型コロナウイルス感染症は、私たちのプライバシーも脅かしています。たとえば国内外で、スマートフォンのアプリなどを利用して、感染者と接触した可能性のある人にそのことを通知するといったしくみが広がりつつありますが、これが別の目的に利用されるときわめて危険です。たとえば、政府に反対する人やグループを見つけて監視するのに使われるおそれもあります。情報通信技術（ICT）を利用した個人の行動監視はどこまで許されるのか、世界的に「監視社会化」を危惧する声が上がっています。

私たちのプライバシーはなくなる？

　新型コロナウイルス感染症の流行が始まってからは、おもな駅の周辺や繁華街などに集まっている人の数が、それ以前と比べてどのくらい減ったかという**ビッグデータ**が公表されるようになりましたが、これは携帯電話やスマートフォン（スマホ）の位置情報を、個人を特定できない形にして利用したものです。しかし、個人を特定したデータを利用する場合は、慎重のうえにも慎重を期する必要があります。

　緊急事態宣言の解除後、不特定多数の人が集まる施設などを再開するにあたっては、入り口に設置したQRコードを利用者にスマホで読みこんでもらい、その施設を感染者が利用したことが後からわかった場合、同じ日に利用した人に通知するというシステムを導入した自治体もありました。しかし、これで安心だと思う人がいる一方で、だれかに自分の行動が監視され、後から追跡される可能性があることに強い抵抗を覚える人もいます。

　その点、政府の「コロナ接触確認アプリ（COCOA）」では、メールアドレスも含め個人情報の登録は不要で、位置情報も利用しないとされています。このアプリをスマホにダウンロードすると、感染者とおおむね１ｍ以内で15分以上接触していた場合、そのことが通知されるしくみです。ダウンロードするかどうかはあくまでも任意です。

　海外では、より徹底した行動監視を行っている国もあります。たとえばシンガポールでは、スマホだけに頼った行動追跡には限界があるとして、身につける**ウェアラブル端末**を約570万人の居住者全員に配ろうとしています。まずはスマホを持っていない人から優先して配布するとのことですが、これには

反対の声が上がっています。感染拡大防止を大義名分として、政府などがＩＣＴ機器により、国民の行動を監視することをいったん許してしまうと、その範囲が際限なく拡大されて、反政府活動の監視などにも使われるおそれがあるためです。

　日本は今のところ、諸外国に比べて、ＩＣＴを利用した行動監視には慎重ではありますが、今後、社会の雰囲気がどのように変わっていくかわかりません。プライバシーより安全が優先される「監視社会」を選ぶのか、プライバシーを守るためにはある程度のリスクを受け入れるのか、その分かれ道に立っているといえそうです。

マイナンバーと銀行口座をひもづけ？

　外出の自粛要請や休業要請により、仕事を失った人や、売り上げが激減した店が続出する状況のなかで、「自粛を求めるなら補償をすべきだ」という声を無視できなくなった政府は4月、当座をしのいでもらうため、国内に住む人全員に一律10万円を給付することを決めました。

　その際、マイナンバーカードを使えば、オンラインで申請することも可能だとされました。2016年に始まった**マイナンバー制度**とは、日本に住む人1人ひとりに12けたの番号を振り、それぞれの人が税金や年金保険料などをいつ、どのくらい納めたかなどの情報を管理しようとするもので、希望者には、運転免許証などと同じように本人確認書類として利用できるマイナンバーカードが発行されます。このカードが発行されるときは、本人自身が暗証番号を設定します。オンライン申請をするとき、その番号を間違えなければ、確かに本人だということが証明されるわけです。

　ところが、マイナンバーカードを使う機会があまりないため、暗証番号を忘れてしまっていた人が非常に多くいました。暗証番号は何度か間違えると、カードの機能がロックされてしまい、解除するには役所で手続きをしなければなりません。こうして、役所の窓口に多くの人が押し寄せて密集するという本末転倒な事態になりました。

　こうした大混乱があったため、「こんなときのために、個人の銀行口座にマイナンバーをひもづけておけばよかったのだ、これからでも義務づけるべきだ」という議論が起こりました。しかし、それぞれの個人がいくらお金を持っているか、国が把握できるようになるのではないかと心配する声も上がっています。マイナンバーカードの普及率は低く、2020年7月の時点で17.5％程度しかありません。そこで政府は普及を進めるため、2020年9月1日から、カード保有者が**キャッシュレス決済**で買い物をしたり、残高にチャージ（入金）をしたりすると、その額の25％（最大5000円）がポイントとして還元される**「マイナポイント」**事業を始めました。2021年3月31日までの予定です。

10万円給付をオンラインで申請するなどの目的で、マイナンバーカードを作ろうと役所の窓口に詰めかける市民（5月7日、兵庫県の姫路市役所で）

もっと知りたい 国内のトピックス

東日本大震災と原発事故から9年ぶりに、JR常磐線が全線復旧

　2020年3月14日、東日本大震災による津波と、福島第一原子力発電所の重大な事故により被災したJR常磐線のうち、最後まで不通になっていた富岡駅から浪江駅までの20.8kmの区間で、9年ぶりに列車の運転が再開されました。この間の夜ノ森、大野、双葉の3つの駅は避難が必要な「帰還困難区域」の中にありましたが、運転再開に先立って、駅周辺については避難指示が解除されました。

3月14日、大野駅を出発する列車。避難指示が解除されたのは駅周辺のみで、避難指示が続く区域との境界には通行を規制するバリケードが設けられている

　JR常磐線は、線路の戸籍上は、東北本線と分かれる日暮里駅（東京都荒川区）から、東北本線と再び合流する岩沼駅（宮城県岩沼市）までですが、実際の列車は、東京側では上野駅または品川駅を発着し、仙台側では仙台駅を発着します。東京側・仙台側とも重要な通勤・通学路線になっていて、東日本大震災前には、上野駅と仙台駅とを、水戸駅、いわき駅経由で結ぶ特急列車もありました。

　しかし、津波により、福島県と宮城県の県境付近では線路が流されました。また、福島第一原子力発電所付近では、放射線量が高く避難指示が出された地域を通過しているため、復旧作業にもなかなか着手できない状況が続きました。むしろ津波で流された区間の方が、ルートをやや内陸寄りに変更して、先に復旧したのです。こうして2017年には、不通区間は富岡駅から浪江駅までの20.8kmを残すだけになりました。この区間では、放射線量を低くするために汚染された土などを取り除く「除染」と並行して復旧作業を進め、2020年3月、ようやく運転を再開することができたのです。

全線復旧した常磐線

　これにより、上野駅（または品川駅）と仙台駅を結ぶ特急列車の運転も再開されました。東日本大震災で被災した路線の復旧にも一区切りついたことになりますが、新型コロナウイルス感染症が広がりつつあった時期だけに、運転再開当日の式典などは規模を縮小して行われました。3月26日には、福島県内の常磐線沿線にある「Jヴィレッジ」から東京オリンピックの聖火リレーがスタートすることになっていましたが、それも中止されました。

九州では被災路線の復旧断念も

　2020年8月8日には九州でも、2016年の熊本地震で被災し、一部の区間が不通になっていたJR豊肥本線が全線復旧しました。これにより、熊本駅から阿蘇駅を経由して大分駅まで、再び鉄道で移動できるようになりました。一方で、2017年の九州北部豪雨で被災したJR日田彦山線については、北九州市に通勤・通学できる範囲を外れた、添田駅から夜明駅までの区間は、鉄道としての復旧を断念することになりました。線路の跡地をバス専用道にしてバスを走らせるバス高速輸送システム（BRT）として復旧されることになったのです。ば

第1章　新型コロナウイルス感染症と社会の変化

く大な費用をかけて復旧させても、それに見合った利用者がなく、赤字になることは確実とみられたからで、今後もこうした例は増えていきそうです。

九州は2020年7月にも豪雨に見舞われました。JR肥薩線、JR久大本線、「第三セクター」のくま川鉄道の鉄橋が流され、運転再開の見通しは立っていません。第三セクターとは、国や地方公共団体（第一セクター）と民間企業（第二セクター）が共同で出資、つまりお金を出し合って設立した会社のことです。地元に密着した経営ができるというメリットがありますが、会社の規模が小さく、資金力がないため、災害で被災してしまうと復旧させる余裕がないということになりがちです。今回、くま川鉄道は保有する全車両が浸水し、危機的な状況です。そのため、復旧費用の97.5%を国が実質的に負担する制度を活用しようとしています。

明治時代の1908年に完成したJR肥薩線の「球磨川第一橋梁」も流失（八代市、7月10日撮影）

近年では、地震、集中豪雨、台風などで被災し、長期間の運休を余儀なくされる路線が、毎年のように出ています。復旧させても、復旧させてもきりがなく、国内のどこかに運休中の路線がある状態が続いています。それに加えて、新型コロナウイルス感染症のため旅行が激減し、テレワークの広まりにより通勤する人も減少したため、鉄道会社の経営は深刻な危機におちいっています。利用者の多い大都市圏の路線を持つ会社でも、地方の路線を維持する余裕がなくなっていくことが予想されます。災害で被災した路線の復旧断念ばかりか、被災していない路線の廃止も今後相次ぐおそれがあり、そうなれば、車を運転できない高齢者などが移動手段を失うことになりかねません。

羽田空港への着陸機が都心上空を低空飛行

新型コロナウイルス感染症のため、人の移動が減少し経営危機におちいっているのは、航空会社も同様です。国内線・国際線とも、便数が激減しています。ところが2020年3月から、東京オリンピック・パラリンピックで多くの外国人が来日することに備えて、国際線の便数をもっと増やすために考えられた計画が実施されるという、ちぐはぐなことが起きました。

3月29日から、東京国際空港（羽田空港）に着陸する国際線は、南風の日の午後3時から7時までのうち3時間程度、新宿、渋谷といった都心上空を低い高度で飛ぶことになったのです。その高度は、新宿で1000m、渋谷で750m、大井町では300mくらいです。もっとも、初日の3月29日は気象条件が合わなかったため、このルートが実際に使われ始

新宿区にある東京都庁上空を低空飛行する旅客機（4月3日）

たのは4月3日からでした。

　これにより、大きな問題になっているのが、騒音による住環境の悪化です。また、落下物による被害が発生することも考えられます。事故の危険もないとはいえません。世界のおもな空港では、飛行機が着陸するときの地上との角度は、極力3度以内に抑えていますが、羽田空港のこの着陸ルートでは、3度を超えることになります。パイロットにとっては、かなりの恐怖感があるようです。

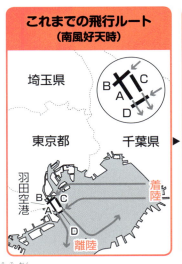

　羽田空港には、4本の滑走路が漢字の「井」の字の形に並んでいます。飛行機は、必ず風に向かって離陸・着陸するのですが、これまで南風のときは、離陸機はA・C滑走路を使って南東に離陸し、着陸機はB・D滑走路に北東から着陸していました。ところが、A滑走路とB滑走路は交わっているので、離陸・着陸の回数を増やそうとしても限界があったのです。そこで、南風の日は時間を区切って、離陸にB滑走路も使い、着陸にはA・C滑走路を使うことになったというわけです。その場合、飛行機は都心上空を低空飛行して北西方向から羽田に向かうことになります。

　現在、新宿などでは南風の日の午後、数分おきに飛行機が低空を飛ぶ様子が見られます。将来、航空需要が回復し、便数が増えた際は、問題がさらに深刻化する可能性があるため、ルートの見直しに向けた検討がすでに始まっています。

泉佐野市などが「ふるさと納税制度」に復帰

　2020年6月30日、最高裁判所は、大阪府泉佐野市などを「ふるさと納税制度」から除外した総務省の決定は違法で無効だとする判決を下しました。

　「ふるさと納税制度」とは、自分のふるさとなどの都道府県や市町村に寄付をすると、その金額に応じて、現在住んでいる都道府県や市町村に納める住民税と、国に納める所得税が軽減されるという制度で、2008年度から始まりました。本来なら、住んでいる地方公共団体に納めるべき住民税の一部を、自分のふるさとなどの地方公共団体に納めるようなものなので、こう呼ばれていますが、寄付をする都道府県や市町村は、どこでもよいことになっています。

　「ふるさと納税」の金額や件数が大きく増え始めたのは2010年代中ごろからです。地震や豪雨などによる災害が発生するたびに、被災地となった地方公共団体には、全国から善意の「ふるさと納税」が集まるようにな

（総務省の資料より）

りました。

しかし、制度が定着すると、負の側面も目立つようになりました。より多くの「ふるさと納税」を獲得しようと、寄付をしてくれた人に地域の特産物などを「返礼品」として贈る市町村が増えてきたのです。そうなると、寄付をする側も、インターネットなどで自分が欲しい物を贈ってくれるところを探すようになり、行ったこともない市町村に寄付をする人も出てきました。すると市町村側もエスカレートし、

寄付された金額の多かった自治体 (2018年度)	
大阪府泉佐野市	498 億円
静岡県小山町	251 億円
和歌山県高野町	196 億円
佐賀県みやき町	168 億円
宮崎県都農町	96 億円
宮崎県都城市	96 億円
大阪府熊取町	76 億円
茨城県境町	61 億円
北海道森町	59 億円
佐賀県上峰町	53 億円

住民税の減少の多かった自治体 (2018年の寄付による 2019年度の住民税控除額)	
横浜市	137 億円
名古屋市	81 億円
大阪市	74 億円
川崎市	56 億円
東京都世田谷区	53 億円
神戸市	44 億円
東京都港区	43 億円
さいたま市	41 億円
福岡市	39 億円
京都市	39 億円

（総務省の資料より）

寄付された金額に対して価値の高すぎる物、その地域の産物とはいえない物、果ては、現金と同様に使える金券を贈るところまで出てきました。自分が応援したい都道府県や市町村に寄付をするというのが本来の趣旨なのに、それを逸脱し、まるでネットショッピングのようになってきたのです。また、「ふるさと納税」をする人の多くは大都市の住民なので、東京都の特別区や政令指定都市など、**大都市圏の地方公共団体の税収減**も無視できないほどになってきました。

このことを問題視した総務省は再三にわたり、返礼品は「寄付された金額の3割以下の価値の物に」「その地域の産物に」「他の地域の産物や金券などは好ましくない」と指導してきましたが、それに従わない地方公共団体もあったため、ついに2019年の通常国会で法律が改正されました。地方公共団体への寄付であれば無条件に減税されるのではなく、総務省が事前に審査して、適切な運用をしている地方公共団体への寄付だけが減税の対象とされるようになったのです。

これにより、2019年6月1日からは、静岡県小山町、大阪府泉佐野市、和歌山県高野町、佐賀県みやき町が対象外、つまり寄付をしても減税されないことになりました。このうち泉佐野市は、この決定の取り消しを求めて、裁判所に国を訴えました。「過去」に総務省の指導に従わなかったからといって、「現在」制度から除外するのは誤りで違法だというのが泉佐野市の主張です。大阪地方裁判所と大阪高等裁判所は、総務省の決定を支持する判決を下し、泉佐野市の敗訴となりましたが、今回、最高裁判所はそれをくつがえし、「過去」を問題にするのは誤りだと認めたのです。しかし、泉佐野市に対しても節度を求めました。

このため、泉佐野市のほか、同じ理由で除外されていた高野町とみやき町も制度に復帰することになりました。小山町は、町内に工場を持つ企業の商品券を返礼品にするなど、「現在」にも問題がありましたが、その返礼品を見直して復帰しました。一方、2020年7月には、総務省に提出した書類の内容に虚偽があったとして、高知県奈半利町が新たに制度から除外されました。

ところで2020年は、新型コロナウイルス感染症のため、遠方の災害被災地に**ボランティア**に行くことが困難な状況になりました。被災地では人手が足りなくて復旧は難航しています。国は「ふるさと納税」など別の方法で支援をしてほしいと呼びかけていますが、泉佐野市は、制度に復帰して間もなく、豪雨の被害を受けた熊本県などの自治体への「ふるさと納税」を受け付ける業務などを代行すると発表しました。被災した自治体は復旧作業に追われ、余裕がないためで、これも被災地支援の一環といえます。

「民族共生象徴空間（ウポポイ）」が開業

2020年7月12日、北海道白老町に、国立アイヌ民族博物館を核とする「民族共生象徴空間（ウポポイ）」が開業しました。当初は4月に開業する予定でしたが、新型コロナウイルス感染症の緊急事態宣言発令中だったために延期されました。来場者は「イランカラプテ（こんにちは）」とアイヌ語で歓迎されます。場内の展示の説明もアイヌ語（文字がないのでカタカナで表記）が基本で、それに日本語や英語が併記されているという形です。屋外には「コタン」といわれる集落が復元され、「チセ」と呼ばれる伝統的な家屋が立ち並んでいて、中を見学できます。

「ウポポイ」とはアイヌ語で、「大勢で歌うこと」です。ここでは歌や踊りも披露されますが、2020年9月の時点では、新型コロナウイルス感染症対策として、入場は予約制で、人数も制限されており、さまざまな体験プログラムの実施も当面見送られています。

北海道のおもな地名とアイヌ語での意味

アイヌ語（意味）
- ヤム・ワッカ・ナイ（冷たい水の沢）— 稚内
- シリ・エトク（大地の突端）
- シ・ペッ（主たる大きな川［本流］）
- サッ・ポロ・ペッ（乾いた広い川）— 紋別／知床半島
- シ・コツ（大きなくぼ地）— 士別／標津
- モ・ペッ（静かな川）— 札幌
- 支笏（湖）／洞爺（湖）／白老／苫小牧／門別
- シャクシャインの戦い（1669年）のあった場所
- ト・マク・オマ・ナイ（沼の奥に入る沢）
- シラウオイ（虻の多いところ）
- トー・ヤ（湖の岸）— 松前
※2020年に「民族共生象徴空間（ウポポイ）」が開業

アイヌ民族とは、日本列島北部周辺、とりわけ北海道の先住民族です。北海道や東北地方北部の地名には、アイヌ語に由来するものがたくさんあります。「ナイ」「ベツ」で終わる地名が非常に多いのですが、これはどちらも「川」という意味です。アイヌ民族が自然と共生して生きていたことがわかります。

江戸時代、北海道は「蝦夷地」と呼ばれ、松前藩が支配していました。蝦夷地では米がとれなかったので、松前藩はアイヌ民族との交易を経済の基盤としていました。しかし、アイヌの人々をだまして不当な利益を上げることもあったため、シャクシャインのように、抵抗して立ち上がった首長もいます。

明治時代になると、本州以南から移住してくる和人が一気に増え、アイヌ民族の生活がさらに圧迫されるようになりました。伝統的な生活のしかたを認めない差別的な法律が制定され、経済的にも弱い立場に置かれたのです。差別的な法律が廃止され、「アイヌ文化振興法」が施行されたのは平成に入ってからの1997年のことでした。さらに、2019年4月には、それに代わる「アイヌの人々の誇りが尊重される社会を実現するための施策の推進に関する法律（アイヌ民族支援法、アイヌ新法）」が成立しました。この法律では、アイヌ民族を先住民族と認めたうえで、アイヌ文化を守り育てることは国や地方自治体の責務と定めています。そのための政策の一環として開業したのが、「民族共生象徴空間（ウポポイ）」なのです。しかし、文化、産業、観光の振興のためという側面が強く、先住民族であるアイヌ民族の土地や資源への権利にはふれられていません。アイヌ語も消滅の危機にさらされているのが現状です。

民族共生象徴空間のオープン当日の7月12日、民族舞踊を披露するアイヌの人たち

国際社会の動き

第2章

ひと目でわかる時事イラスト ·· 68

みんなで話し合ってみよう！ 差別を許してはならない。歴史から学ぼう ··············· 69

1 アメリカと中国の対立が激化 ··· 70

2 世界が注目するアメリカ大統領選挙 ······································· 74

3 イギリスがEUから離脱 ·· 76

もっと知りたい 国際社会のトピックス ·· 78

ひと目でわかる時事イラスト
第2章 国際社会の動き

アメリカ大統領選挙は史上初の「70歳代対決」に

共和党
トランプ大統領（74歳）

民主党
バイデン前副大統領（77歳）

イギリスがついにEUから離脱
自身も新型コロナウイルスに感染
ボリス・ジョンソン首相

ロシアでは国民投票で憲法改正を承認
2036年まで大統領を続けることも可能に
プーチン大統領

中国の武漢市で「新型コロナウイルス感染症」が発生
日本訪問は延期に
香港国家安全維持法を制定
習近平国家主席

今はウイルスとの「戦争状態」だと演説
フランス マクロン大統領

支持率アップ
ドイツ メルケル首相

新型コロナウイルス感染症で差別や人権侵害が横行していることを憂慮
グテレス国連事務総長

東京オリンピックは2021年に延期
国際オリンピック委員会（IOC）
トーマス・バッハ会長

2019年12月
34歳で首相に就任
フィンランド サンナ・マリン首相

温暖化対策を今すぐ実行せよと訴える
スウェーデンの環境活動家
グレタ・トゥンベリさん（17歳）

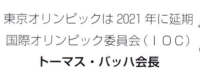

「パンデミック」を宣言
世界保健機関（WHO）
テドロス事務局長

第2章　国際社会の動き

みんなで話し合ってみよう！

「差別を許してはならない。歴史から学ぼう」

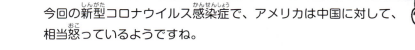

今回の新型コロナウイルス感染症で、アメリカは中国に対して、相当怒っているようですね。

そうね。はじめのころは、アメリカの方が中国より被害が大きくなるなんて、想像もできなかったわね。

もうすぐアメリカ大統領選挙があるから、トランプ大統領は、すべてを中国のせいにして、自分は悪くないと言いたい？

そういう面は確かにある。でも、それだけだと思ったら、今、世界で起きていることを見誤るかもしれないよ。やはり、本気で怒っていることも事実なんじゃないかな。

香港の人たちが自由にものを言えないようにした法律をつくったことにも怒っていますよね。

そう、「そんな国だから、中国政府が情報を隠しているうちに、ウイルスが世界に広がってしまったんじゃないか」というのが、トランプ大統領の言い分よ。

だからといって、身近なところにいる普通の中国人が悪いわけじゃないですよね。

もちろんだよ。それなのに、新型コロナウイルスは中国から世界に広がったということで、中国人をはじめとしたアジア系の人たちも差別されている。「自分の国に帰れ」「ウイルスをおれたちの国に持ちこむな」といったひどい暴言を浴びせられた人もいる。

過去の感染症の流行でも、その国の少数派の民族に属する人たちが毒をまいているからだと言われて、差別・迫害されたことがあったのよ。人類は何度も同じ過ちを繰り返しているのよね。

でもアメリカには、差別は許さないと言っている人だってたくさんいますよね。

そう、社会の雰囲気に流されないで、おかしいことがあったら、はっきり「ノー」と言う人が必ずいる。そこは見習うべきかもしれないわね。こんなときだからこそ、歴史をしっかり学んで、過ちを繰り返さないようにしなければね。

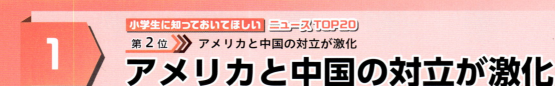

アメリカと中国の対立が激化

新型コロナウイルス感染症、貿易、香港問題などをめぐる両国の対立が深刻に

2019年6月に大阪で開かれたG20サミットで米中首脳会談を行ったトランプ大統領（左）と習近平国家主席（右）

新型コロナウイルス感染症は中国の武漢市から世界中に広がりました。中国よりむしろ欧米諸国で大きな被害が出ています。大打撃を受けたアメリカは、ウイルスを拡散させた責任は中国政府にあるとして、中国への非難を強めています。中国が「香港国家安全維持法」を制定して、香港の市民から政府を批判する言論・集会の自由を奪ったことや、中国が台湾の世界保健機関（WHO）への参加にかたくなに反対し続けていることも、アメリカと中国の対立の原因になっています。

新型コロナウイルスを拡散させたとして、中国政府の責任を追及

　欧米諸国は、感染が広がり始めた2019年末から2020年1月初めにかけて、中国政府が情報を隠そうとしたために、適切な措置をとるのが遅れたと主張しています。かつてのソビエト連邦（ソ連）がそうだったように、社会主義国では、政府が都合の悪い情報を隠そうとしたことが少なくありませんでした。そういう体制が災いしたのではないかというわけです。

　ウイルス拡散の原因究明をうやむやにするわけにはいきませんが、だからといって、中国人に対する「ヘイトスピーチ」が認められるということにはならないでしょう。トランプ大統領やアメリカ政府の高官は、今回の新型コロナウイルスを、たびたび「中国ウイルス」「武漢ウイルス」などと呼んでいます。公職についている人物がこのような名称を使用することは、中国人や中国系アメリカ人に対する差別を助長するおそれがあります。

アメリカと中国との「貿易戦争」もエスカレート

　アメリカと中国との対立は今に始まったことではありません。アメリカは、輸入額が輸出額を上回る「貿易赤字」の状態で、トランプ大統領はそれを大いに問題視しています。日本、ドイツ、メキシコなどに対しても赤字になっていますが、なんといっても多いのが、中国に対する赤字です。そのためアメリカは、中国からの輸入を抑えようとしています。2018年夏ごろからは、アメリカが中国からの輸入品の関税を引き上げると、中国も報復として、アメリカからの輸入品の関税を引き上げるようになり、「貿易

戦争」とまでいわれる状況になりました。

　アメリカは2019年9月にも、中国から輸入される約1100億ドル相当の衣料品や家電製品にかかる関税を、15%に引き上げました。これによって打撃を受けたのは中国だけではありません。アメリカ人はその分、高い製品を買わざるをえないことになりました。中国もすぐに報復し、大豆などアメリカから輸入される農畜産物の関税を引き上げました。これにより、アメリカ製品を中国に輸出することがさらに難しくなりました。このように国内総生産（GDP）が世界第1位と第2位の両国が争い、ともに貿易額が減少して景気が悪化すれば、日本を含むそれ以外の国の経済にも悪い影響を与えることになります。

　2020年に入ると、「貿易戦争」の緩和が図られるようになり、2月には一部の輸入品について、双方が関税を引き下げました。とはいえ、根本的な解決の見通しは立っていません。この対立は、経済だけの問題とはいいがたい面もあるからです。現在のアメリカは「唯一の超大国」といえますが、中国のGDPは、すでにアメリカの6割程度になっています。近い将来、アメリカに追いつくものとみられますが、そうなればアメリカは、自国の覇権がおびやかされると警戒しています。また近年、中国は海洋進出を強めており、東シナ海では尖閣諸島をめぐって日本と対立しているほか、南シナ海でも南沙諸島はすべて中国の領土だと主張し、沿岸各国との対立を深めています。この問題でもアメリカは、中国を強く非難してその動きをけん制しようとしています。アメリカが同盟国に対して、中国企業のネットワーク機器を使用しないように求めているのも、安全保障上のリスクがあると考えているからです。

アメリカのおもな貿易相手国 （2018年）

相手国	輸出額（億ドル）	輸入額（億ドル）	赤字／黒字（億ドル）
中国	1203.41	5395.03	4191.62 （赤字）
カナダ	2989.01	3184.81	195.80 （赤字）
メキシコ	2650.10	3465.28	815.18 （赤字）
日本	749.67	1425.96	676.29 （赤字）
ドイツ	576.54	1259.04	682.50 （赤字）
韓国	563.44	742.91	179.47 （赤字）
イギリス	662.28	608.12	54.16 （黒字）
全体	16642.38	25427.33	8784.95 （赤字）

「世界国勢図会 2020/21 年版」より

香港国家安全維持法が施行

　香港の人々の政治的な自由を、中国政府が少しずつ奪っていることも、欧米諸国と中国の対立の大きな原因の1つです。かつてイギリス領だった香港は、現在は中国の一部ではありますが、歴史的ないきさつから、かつてポルトガル領だったマカオとともに「特別行政区」となっています。

　19世紀の中ごろ、中国を支配していた「清」王朝は、すでに全盛期を過ぎて衰退期に入っていました。当時のイギリスは、植民地として支配していたインドでとれるアヘンという麻薬を清に売って、利益を上げていました。清側がアヘンを没収して焼却すると、イギリスは清を攻撃し、戦争になりました。これが「アヘン戦争」です。この戦争後、1842年に結ばれた南京条約で、まず香港島がイギリス領になりました。次いで、イギリスとフランスが清と戦ったアロー戦争後の北京条約（1860年）では、香港島の対岸の九龍半島もイギリス領とされました。さらに、1898年からは、イギリスが九龍半島のさらに北側の「新界」を99年間、借りることになりました。

　結果的には、香港は20世紀に起きた中国本土の政治的な混乱に巻きこまれずにすみ、アジアの金融セ

ンターとして繁栄するようになりました。しかし、香港のうち新界はイギリスの領土になったわけではなく、1997年に中国に返さなければならないことになっていたので、イギリスは1980年代に、香港全体を中国に返還するための交渉を始めました。しかし、香港が社会主義国である中国の一部になって、社会主義を押しつけられたのでは、繁栄を維持できません。中国政府としても、豊かな香港に社会主義を押しつけて衰退させたくはありませんでした。そこで中国政府は、香港では返還後も50年間は社会主義を実施せず、資本主義を維持することを認めたのです。中国本土は社会主義で、香港は資本主義なので、これを「一国二制度」といいます。

香港の中国への返還からちょうど23年がたった2020年7月1日、前日に中国政府が香港国家安全維持法を施行したことに抗議してデモを行う市民

中国がこの約束を守ることを前提に、イギリスは1997年、香港を中国に返還しましたが、やがて、中国政府を批判する言論の自由などが、少しずつ失われていきました。2019年には、香港の当局が、香港で犯罪をおかして逮捕された人を中国本土にも引き渡せるように、「逃亡犯条例」を改正しようとしました。もしそうなれば、香港で反政府活動をして逮捕されると、中国本土に送られて、非常に重い刑罰を科されることもありうることになります。そのため、毎日のように抗議デモが続くようになり、ついに当局は、条例の改正案を撤回しました。

しかし、2020年6月30日には、中国の全国人民代表大会常務委員会が「香港国家安全維持法」を可決して、施行しました。中国共産党を批判したり、香港の独立を主張したりすると、香港人でなくても、また香港以外の場所であっても、この法律に違反することになるようです。これに対して、アメリカや一部のヨーロッパ諸国は香港の人々を支援する姿勢を明らかにしています。

台湾総統選挙で蔡英文氏が再選

中華人民共和国政府は台湾に対しても「一国二制度」による統一を呼びかけていますが、台湾側は強く拒否する姿勢を示しています。台湾では、中国本土との関係を深めようとする「国民党」と、中国本土とはやや距離を置くべきだとする「民主進歩党」とが二大政党ですが、2020年1月に行われた総統（大統領にあたる）選挙では、民主進歩党の現職である蔡英文氏が圧勝しました。

中華人民共和国と台湾とは、「中国」という1つの国の枠組みの中に、2つの政権があって、どちらが正統な政府であるかを争っている関係といえます。1945年、日本が太平洋戦争に敗れると、中国では、国民党と共産党の内戦が再燃しました。1949年、共産党が「中華人民共和国」の成立を宣言すると、国民党

は台湾に移り、引き続き「中華民国」を名乗って、中国を代表する政府は自分たちだと主張し続けました。日本やアメリカは、当初は台湾の国民党政権の方を、中国を代表する正統な政府だと認めていました。

ところが、1971年になると、中華人民共和国の方が国際連合での代表権を獲得し、台湾は国連から脱退してしまいました。1972年には、**田中角栄首相が中国を訪問**し、「**日中共同声明**」を発表しましたが、これにより、**日本と中華人民共和国の国交が正常化**しました。台湾については、正式な国家とは認めないことになりましたが、その後も経済的な交流はさかんです。

2020年1月11日に行われた台湾総統選挙で再選された蔡英文総統

1979年には、**アメリカと中華人民共和国の国交も正常化**しました。このように1970年代に、日本とアメリカが相次いで中華人民共和国と国交を正常化したのは、同じ社会主義国であるソ連と中華人民共和国が仲たがいしていたからです。ソ連の方が重大な脅威だから、中華人民共和国は味方につけようと判断したわけです。

アメリカは世界保健機関（WHO）からの脱退を通告

このような状況であるため、中華人民共和国は、台湾が**世界保健機関（WHO）**に参加することにさえ反対しています。しかし、正式な国家と認められていなくても、台湾では2000万人以上が生活しているのです。政治的な理由でWHOから排除されれば、感染症に関する情報が台湾には共有されないことにもなりかねません。その結果、対策に失敗すれば、たくさんの患者・感染者を出してしまうおそれもあります。そうなれば被害は、その周辺国にも広がり、中華人民共和国自身にもはねかえってくることも想定されます。つまり、人の命に直接かかわる問題を扱う国際機関から、政治的な理由で特定の国や地域を排除すべきではないということです。日本も、正式な加盟国でなくオブザーバーであってもよいので、台湾を参加させるべきだと主張しています。台湾は実際には、新型コロナウイルスの感染拡大防止に成功しており、むしろ見習わなければならないほどです。情報共有の機会がみすみす失われているのです。

WHOとは、国際連合の専門機関の１つで、**本部はスイスのジュネーブ**にあります。

1948年に設立されたWHOの目的は、「**すべての人々が可能な最高の健康水準に到達すること**」です。感染症対策としては、1980年に**天然痘を根絶**させるという成果をあげました。

しかし、新型コロナウイルス感染症に対しては、中国に配慮するあまり、事態をより悪化させたのではないかと、トランプ大統領は主張しています。2020年7月6日、ついにアメリカは、WHOからの脱退を通告しました。このまま判断が変わらなければ、１年後の2021年7月6日に脱退することになります。もっとも、大統領選挙でバイデン氏が当選すれば、脱退は取り消されるかもしれません。

2 第3位 アメリカ大統領選挙
世界が注目するアメリカ大統領選挙
再選をめざす共和党の現職トランプ氏と、民主党のバイデン氏との一騎打ちに

9月29日に行われたトランプ氏とバイデン氏とによるテレビ討論

2020年は、4年に1度の**アメリカ大統領選挙**の年です。超大国アメリカのリーダーにだれが選ばれるかによって、国際情勢にも大きな影響を与えるので、世界中が注目しています。11月3日に行われる一般の有権者による投票の結果、**共和党のトランプ氏**が再選されてさらに4年間大統領を務めるのか、**民主党のバイデン氏**が当選して政権交代が起こるのかは、予断を許しません。バイデン氏が当選の場合は、初めて女性の副大統領が誕生することになりますが、このことも大きなニュースになるでしょう。

ほぼ1年間かかる選挙

アメリカ大統領の**任期は4年**で、もし大統領が任期途中で死亡したり辞職したりしたときは、副大統領が大統領に昇格して残りの任期をつとめるので、選挙は必ず4年に1度です。大統領は強大な権力を持つので、同じ人物が長期間つとめることがないよう、その職務を続けることができるのは、**2期8年まで**と決められています。

大統領選挙の年には、2月ごろから夏までの間に、二大政党である**共和党**と**民主党**が、それぞれ州ごとに予備選挙や党員集会を行い、党としての大統領候補者を選びます。この段階で、党内で広い支持を得られなかった候補者が脱落していき、徐々に両党の候補者が1人にしぼられていきます。夏には両党の全国党大会が行われ、大統領候補者が正式に決まります。以後は事実上、両党の候補者の一騎打ちになります。

その全国党大会は、2020年には共和党・民主党とも8月に行いました。共和党からは現職のドナルド・トランプ氏（74歳）が、民主党からはジョー・バイデン氏（77歳）が、それぞれ大統領候補者に選ばれました。バイデン氏は、オバマ前大統領（在職2009～2017年）の時代に副大統領をつとめていた人物です。両党の候

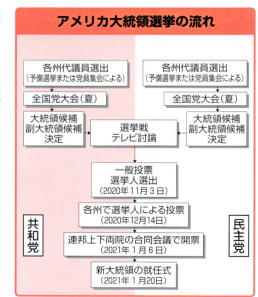

補者がともに70歳代となるのは初めてです。

　一般の有権者による投票は、2020年11月3日に行われます。この投票は形式的には、州ごとに「大統領選挙人」を選ぶもので、この大統領選挙人による投票が12月に行われ、翌年1月6日に開票されます。ここで正式に当選者が決まります。しかし実際には、11月の一般投票の開票が終わった時点で、だれが当選したかわかります。当選した人物は、2021年1月20日に大統領に就任します。

民主党の副大統領候補者は有色人種の女性に

　アメリカでは2020年5月、中西部のミネアポリスで、アフリカ系（黒人）の男性が白人の警察官に取り押さえられ、死亡するという事件が発生しました。これがきっかけで、人種差別に抗議するデモが全米に広がりました。さらに、人種差別を当然のこととして認めてきたアメリカの歴史を見直そうという動きもありました。たとえば、南北戦争（1861～65年）での南軍の将軍などは、奴隷制度を認めていたからという理由で、各地でその銅像が撤去されました。一方、現代の価値観に合っていない部分があるからといって、歴史上の人物のすべてを否定するのは行き過ぎだという意見もありました。このことも、大統領選挙に大きな影響を与えそうです。

　副大統領候補者は、大統領候補者に選ばれた人物が決めます。国民はいわば、「大統領候補者と副大統領候補者のペア」に投票するわけです。このため、大統領候補者は、自分にはない要素を持った人物を選ぼうとする傾向があります。自分とは人種や性別、出身地などの異なる人物を選べば、それだけ幅広い層の有権者の票を集められるからです。今回バイデン氏は、有色人種の女性であるカマラ・ハリス氏を選びました。女性の副大統領候補者としては、2008年に共和党の候補者になったサラ・ペイリン氏らがいますが、実際に就任した例はまだなく、こちらも注目されます。なお、トランプ氏は、現職の副大統領であるマイク・ペンス氏を副大統領候補者に選びました。

トランプ氏とバイデン氏の政策の違い

 ドナルド・トランプ（共和党）
1946年6月14日
ニューヨーク市生まれ（74歳）

- 移民を抑制するため、メキシコとの国境に壁を建設
- 環太平洋パートナーシップ協定（TPP）から離脱（すでに実行）
- パリ協定から離脱表明（すでに実行）
- 中国には強硬な姿勢。さらなる追加関税も
- 北朝鮮とは交渉を続ける
- イラン核合意から離脱し、制裁を再開（すでに実行）
- 連邦法人税を引き下げ、連邦個人所得税の最高税率も引き下げ
- オバマ前大統領がつくった医療保険制度「オバマケア」は廃止
- 銃規制については現状維持
- インフラ整備のための投資を拡大

 ジョー・バイデン（民主党）
1942年11月20日
ペンシルベニア州生まれ（77歳）

- アメリカ国民の多様性を重視
- TPPへの復帰
- パリ協定に再加盟。2050年までに温室効果ガスの排出量をゼロに
- 中国への追加関税には慎重
- 北朝鮮の核の脅威には厳しい姿勢で臨む
- イランとは核合意に向け再交渉
- 連邦法人税を引き上げ、連邦個人所得税の最高税率も引き上げ
- 「オバマケア」をさらに拡充
- 銃規制を強化
- 学生ローン返済負担の軽減・免除

※年齢は2020年10月現在

3 イギリスがEUから離脱

小学生に知っておいてほしい ニュースTOP20
第9位　イギリスのEU離脱

2019年3月に離脱予定だったが何度も延期。アイルランド島の国境の扱いが最大の焦点に

2020年1月8日、イギリスの首相官邸で、ヨーロッパ委員会のフォン・デア・ライエン委員長（右）と、イギリスとEUとの新たな関係のあり方について話し合ったジョンソン首相（左）

イギリスは2019年3月29日、**ヨーロッパ連合（EU）から離脱**することになっていました。しかし、イギリスとEUとが合意した離脱協定がイギリスの議会（下院）で何度も否決され、この日までに承認されなかったため、離脱は延期されました。その後、2019年12月に行われた下院議員選挙の結果、与党の保守党が勝利し、新たな離脱協定が下院で承認されたため、ついに**2020年1月31日、イギリスはEUから離脱**しました。これを受け、日本はイギリスと**自由貿易協定（FTA）**を結ぶための交渉を行い、2020年9月に大筋合意に達しました。

▶ 国民投票では、わずかな差で「離脱」が上回る

　ヨーロッパ連合（EU）とは、たくさんの国に分かれているヨーロッパを、経済的には1つの国のようにすることをめざす組織です。加盟国どうしの間では、**人、物、お金の移動は原則として自由**とされています。加盟国どうしの貿易には、**関税**はかからないわけです。2002年からは、加盟国の多くで**共通通貨「ユーロ」**の紙幣と硬貨も使われ始めました。しかし、イギリスは島国ということもあって、大陸の国々とは少し距離を置いて独自性を守りたいという意識が強かったようです。「ユーロ」も導入せず、以前からの通貨「ポンド」を使い続けていました。

　2004年以降は、ポーランドなど東ヨーロッパの旧社会主義国もEUに加盟するようになりました。つまり、こうした国の人がイギリスに働きに来ることも自由になったのです。イギリス国民は、「移民に仕事を奪われる」「EU加盟国の共通ルールにしばられ、イギリスが独自に決められることが少なくなった」といった不満をつのらせました。

　こうした国民の不満を抑えこむため、イギリス

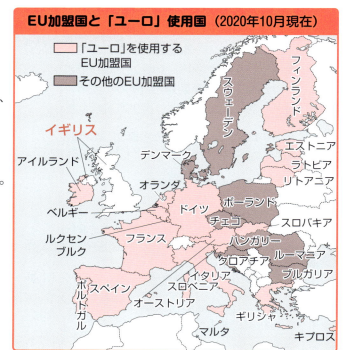

EU加盟国と「ユーロ」使用国（2020年10月現在）

では、2016年6月にＥＵからの離脱の是非を問う国民投票が行われました。その結果、離脱が約52％、残留が約48％になったため、離脱が決まったというわけです。

イギリス下院が離脱協定を何度も否決、迷走が続く

グレートブリテン及び北アイルランド連合王国（イギリス）

※イギリスは4つの地域から成り、正しくは「グレートブリテン及び北アイルランド連合王国」という

とはいえ、イギリスとＥＵの双方が新たな関係のあり方について合意したうえで離脱しなければ、イギリスとＥＵに残る国との貿易には、関税がかかるようになってしまいます。そこで、イギリスとＥＵは、2018年までに「離脱協定」に合意しました。それによると、離脱後もイギリスはＥＵの「関税同盟」に残る、つまりＥＵに残る国とはこれまで通り、関税なしで貿易ができるものとされていました。

ところが、「結局はＥＵのルールにしばられることになるから反対」「そもそも国民投票をやり直すべき」という意見も多かったため、下院では2019年1月から3月にかけて、3度否決されました。何も決められないでいるうちに「時間切れ」を迎えてしまったのです。そのため、ＥＵ側は離脱の時期を延期することを認めました。7月には、首相がテリーザ・メイ氏から**ボリス・ジョンソン氏**に代わりました。ジョンソン首相のもとで、イギリスは再度ＥＵと交渉し、10月、新たな離脱協定に合意しました。

アイルランド島での国境管理は行わないことに

この離脱協定では、イギリスはＥＵの関税同盟からはぬける、つまり、輸出入する物によっては関税がかかることになりました。ここで最大の焦点になったのは、アイルランド島の国境の扱いです。イギリスの正式国名**「グレートブリテン及び北アイルランド連合王国」**からわかるように、アイルランド島の大部分は隣国にあたるアイルランドの領土ですが、北部の一部だけがイギリスの領土になっているのです。アイルランドもＥＵ加盟国なので、これまでは、国境での検査などはなく、人や物の行き来は自由でした。しかし、イギリスの離脱後は、このイギリスとアイルランドとの国境が、ＥＵ域内と域外の境界にもなります。もし、イギリスとＥＵ加盟国との貿易に関税がかかるとしたら、国境で通過する物のチェックをしなければならなくなりますが、それは難しいとみられていました。

新しい離脱協定によると、チェックはアイルランド島の国境では行わず、北アイルランドからイギリスの他の地域に物を移動させるときに行うことになりました。しかし、これも下院で否決されたら、結局は同じことの繰り返しになります。そこで、2019年12月には下院議員選挙が行われました。その結果、選挙前には過半数割れしていた保守党が圧勝して安定した多数を確保しました。これにより、ようやく離脱協定が下院で承認されたため、2020年1月31日、ついに離脱が実現したのです。その瞬間には、イギリスが「独立」を取り戻したと、国旗を振って喜ぶ人たちの姿が各地で見られました。

もっと知りたい 国際社会のトピックス

新型コロナウイルス感染症では貧困層により大きな被害

感染症には、富裕層も貧困層も同じようにかかるはずだと考えがちです。しかし、今回の新型コロナウイルス感染症では、被害は貧困層側に偏っているのが現実です。アメリカのニューヨークの例を見てみれば、アフリカ系やヒスパニック（中南米のスペイン語が使われる地域からの移民、またはその子孫のこと）の方が、明らかに死亡率が高いことがわかります。

理由はいくつか考えられます。まず「テレワークができないサービス業などに従事している人が多い」「自動車を持っていないため、混雑した地下鉄など公共交通機関で出勤せざるをえない人が多い」ということがあります。感染リスクのある「人との接触」が避けられないわけです。また、狭くて清潔とはいえない家に何人もの家族が密集して住んでいるなど、居住環境がそもそも劣悪ということも挙げられます。そして、アメリカ特有の理由として、「国民全員が加入する公的な医療保険制度がない」ことも影響しています。

そんな社会でよいのか、国民全員が医療保険に加入する「国民皆保険制度」をアメリカでも導入すべきだと主張していたのが、2020年の大統領選挙で、民主党の候補者に選ばれることをめざしていたバーニー・サンダース氏でした。最終的に民主党の候補者に選ばれたジョー・バイデン氏も、サンダース氏を支持していた人たちをつなぎとめるため、その主張の一部を取り入れることになるかもしれません。

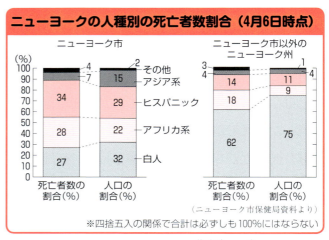

ニューヨークの人種別の死亡者数割合（4月6日時点）
（ニューヨーク市保健局資料より）
※四捨五入の関係で合計は必ずしも100％にはならない

広島・長崎の平和宣言でも新型コロナウイルスに言及

2020年は新型コロナウイルス感染症により、国内外のあらゆるイベントが中止・延期になりました。8月6日の広島での平和記念式典と、8月9日の長崎での平和祈念式典も、例年より大幅に規模を縮小して行うことを余儀なくされました。当初は、国際連合（国連）のグテレス事務総長が広島での平和記念式典に出席する意向を表明していましたが、国境を越えた人の行き来が制限されている状況から断念し、当日はビデオメッセージが流されました。長崎での平和祈念式典では、中満泉国連事務次長・軍縮担当上級代表が、そのメッセージを日本語で代読しました。

平和宣言では、広島・長崎とも新型コロナウイルス感染症についてもふれられました。広島市の松井一實市長は、「新型コロナウイルスという新たな脅威は、悲惨な過去の経験を反面教師にすることで乗り越えられる」「およそ100年前に流行したスペイン風邪は、第一次世界大戦中で敵対する国家間での連帯がかなわなかったから、数千万人の犠牲者を出し、世界中を恐怖に陥れた。その後、国家主義の台頭もあって、第二次世界大戦へと突入し、原爆投下へとつながった」と述べました。

一方、長崎市の田上富久市長は、「新型コロナウイルス

8月6日の広島平和記念式典は、席の間隔を離すなどして行われた

第2章　国際社会の動き

感染症、地球温暖化、核兵器の問題に共通するのは、地球に住む私たちみんなが当事者だということ」としたうえで、「あなたが生きる未来の地球に、核兵器は必要ですか」と問いかけました。

どちらの平和宣言でも、日本政府に対して、「**核兵器禁止条約**」に署名し、批准するよう求めていました。核兵器禁止条約とは、核実験ではなく、核兵器そのものを初めて禁止した条約で、2017年に国連で採択されました。しかし、核保有国やその同盟国（日本やヨーロッパ諸国）は参加していません。日本は**唯一の戦争被爆国**でありながら、アメリカ

8月9日の長崎での平和祈念式典で、グテレス事務総長のメッセージを代読する中満泉氏（手前）

の「**核の傘**」によって守られている現実があるため、政府は核兵器を強くは否定できないのです。「核の傘」というのは、もし日本を攻撃したら、その同盟国であるアメリカに、核兵器で反撃されるおそれがあるため、どの国も日本を攻撃できず、日本の安全が守られるという考え方です。

これについて、広島県の湯﨑英彦知事は今回の平和記念式典で、「核抑止論はあくまでも人々が共同で信じている考えであって、すなわち虚構にすぎない」「一方で、核兵器の破壊力は、**アインシュタイン**の理論通りまさに宇宙の真理であり、ひとたび爆発すればそのエネルギーから逃れられる存在は何一つない」として、「そこから逃れるためには、決して爆発しないようにする、つまり、物理的に廃絶するしかない」と述べました。

しかし、安倍晋三首相（当時）は広島でも長崎でも、日本は**非核三原則（核兵器を持たず、つくらず、持ちこませず）**を堅持し、核保有国と非核保有国との橋渡しに努めると述べるにとどまり、核兵器禁止条約については、今回もふれませんでした。

核兵器を持つ国がこれ以上増えないようにするための条約としては、1968年に採択され、1970年に発効した**核拡散防止条約（NPT）**があります。この時点ですでに核兵器を持っていた**アメリカ、ソビエト連邦（ソ連、現在はロシア）、イギリス、フランス、中華人民共和国（中国）**のみを核保有国として認め、核保有国は非核保有国に核兵器を渡さないこと、非核保有国は今後も核兵器を持たないことなどを定めたものです。しかし現在では、この5か国以外に**インド、パキスタン、イスラエル、朝鮮民主主義人民共和国（北朝鮮）**も核兵器を持っているとされ、**イラン**も核兵器を開発しようとしていると疑われています。

2020年は、この条約の発効から50年にあたっており、4〜5月には、「NPT再検討会議」が**ニューヨークの国連本部**で開かれる予定でしたが、2021年に延期されました。被爆者の平均年齢はすでに83歳を超えています。その声を世界に届ける機会だと考えられていただけに、参加を予定していた被爆者は落胆しています。

国内でも修学旅行の中止・延期が相次いでいます。広島・長崎・沖縄などを訪れて、高齢の戦争体験者から直接話を聞く貴重な機会が失われているのは、非常に残念なことです。

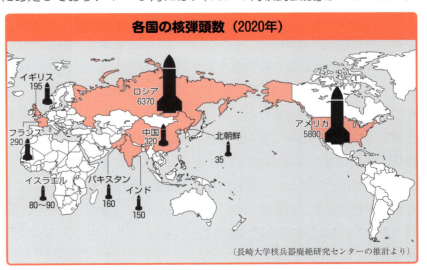

各国の核弾頭数（2020年）

イギリス 195
ロシア 6370
フランス 290
中国 320
北朝鮮 35
アメリカ 5800
イスラエル 80〜90
パキスタン 160
インド 150

（長崎大学核兵器廃絶研究センターの推計より）

イスラエルとアラブ首長国連邦、バーレーンが国交正常化

イスラエルという国のある場所は、地名としては「パレスチナ」といいます。おもにイスラム教を信じるアラブ人が住んでいましたが、ヨーロッパなどで迫害された、ユダヤ教を信じるユダヤ人が移住してきて、1948年に「イスラエル」を建国しました。その結果、もともとそこに住んでいたアラブ人（パレスチナ人）は難民になりました。このことが原因で、イスラエルと周辺のアラブ諸国との間には、4度にわたる「中東戦争」が起こりました。こうしたいきさつから、アラブ諸国（国民の大多数がアラビア語を話すアラブ人である国）の多くは、そもそもイスラエルという国家を認めていません。イスラエルを認めているアラブ諸国は、これまではエジプトとヨルダンだけでした。

2020年9月15日、アメリカのホワイトハウスで国交を正常化させる文書に署名した3か国の代表。左からバーレーンのザイヤーニ外務大臣、イスラエルのネタニヤフ首相、トランプ大統領、ＵＡＥのアブドラ外務大臣

また、イスラエルが首都だと主張しているエルサレムは、ユダヤ教、キリスト教、イスラム教の3つの宗教の聖地ですが、そもそも国際的には、エルサレム全体がイスラエルの領土だと認められているわけではありません。そのため、各国の大使館はテルアビブという別の都市に置かれています。ところが、アメリカのトランプ大統領は2018年、アメリカ大使館をテルアビブからエルサレムに移転させ、パレスチナ人らの反発を招きました。

それだけに、トランプ大統領が2020年8月13日、イスラエルとアラブ首長国連邦（UAE）が国交正常化に合意したと発表したことは、世界を大いに驚かせました。両国は9月15日に、ホワイトハウスで国交を正常化させる文書に署名しましたが、このとき、やはりアラブ諸国の1つであるバーレーンも、イスラエルとの国交を正常化させました。他にも、イスラエルとの国交正常化を検討しているアラブ諸国、イスラム教国がいくつかあるようです。

アラブ諸国にとって、これまでイスラエルはいわば敵だったわけですが、核兵器を開発しようとしている疑いが持たれているイランの方が、より現実的な安全保障上の脅威になっています。イランは、国民の大多数がイスラム教徒で、イスラエルを敵とみなしています。アメリカとの関係は険悪で、アメリカはイランに経済制裁を加えています。それならば、アメリカと友好関係を保っているアラブ諸国の中から、イスラエルとの関係を正常化してイランに対抗しようとする国が出てきても不思議ではありません。

こうした背景があるので、イランは今回の国交正常化を強く非難しています。これまでアラブ諸国から支援を受けてイスラエルに抵抗してきたパレスチナ人がつくっている「パレスチナ自治政府」も、はしごを外されたようなものなので、同様にＵＡＥなどを非難しました。しかし、中東の重要な国の1つであるイスラエルが周辺の多くの国から国家として認められない状態が解消される第一歩であることも事実です。日本やヨーロッパ連合（ＥＵ）は、「地域の安定化につながる」というコメントを発表し、歓迎しています。

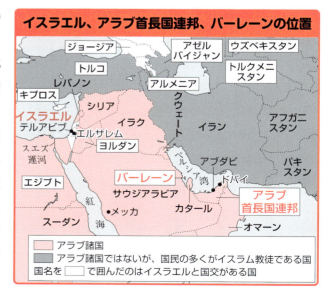

イスラエル、アラブ首長国連邦、バーレーンの位置

理科ニュース

第3章

1. コロナウイルスとはどんなもの？ …… 82
2. 台風9号と10号が連続して襲来 …… 86
3. 「令和2年7月豪雨」により各地で浸水被害 …… 88
4. 「こうのとり」の最終機が無事に役目を終える …… 90
5. 2020年は夏至の日に部分日食 …… 92
   もっと知りたい　その他の理科のトピックス …… 94

小学生に知っておいてほしい ニュースTOP20
第18位 感染症の科学的な知識

コロナウイルスとはどんなもの？

ヒトに感染するコロナウイルスには、多くの種類がある。共通する特徴は？

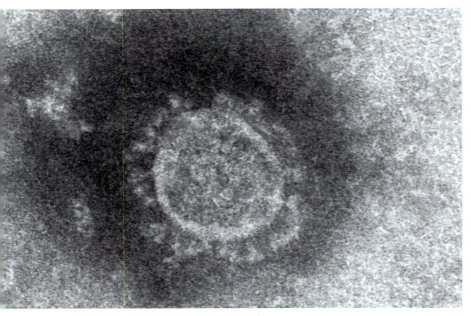

新型コロナウイルスの電子顕微鏡写真　　（出典：国立感染症研究所ホームページ）

COVID－19と命名された新型コロナウイルス感染症の感染者が初めて確認されたのは、2019年12月、中国の湖北省武漢市でのことでした。それからわずか3か月あまり後の2020年3月11日には、世界保健機関（WHO）が「パンデミック」の状態にあると宣言するほどになりました。

2020年9月末の時点では、世界のほぼすべての国・地域に感染が広がり、感染者数は3000万人を超えました。死亡者数は100万人を超えています。ここでは、COVID－19とはどのような疾患で、そのウイルスにはどんな特徴があるのかみていきましょう。

新型コロナウイルス感染症（COVID－19）とは

　新型コロナウイルス感染症（COVID－19）は、新型コロナウイルス（SARS－CoV－2）を原因とする疾患で、せき、のどの痛み、息苦しさなどの呼吸器症状や、発熱、頭痛、体のだるさ（倦怠感）といった風邪に似た症状があらわれます。人によっては、味やにおいを感じなくなることもあるようです。急速に重症化して、高熱や呼吸困難などの肺炎症状を引き起こし、死に至る場合もあります。重症化した患者の多くは、高齢者や、心臓病・糖尿病のような基礎疾患を持っていた人でした。

意外と身近なコロナウイルス

　冬になると、いわゆる「風邪」のため、鼻水、のどの痛み、頭痛、下痢などの症状があらわれることがあります。その原因の10～15％は、ヒトに感染する4種類のコロナウイルスにあると考えられています。このような一般的な「風邪」は、ほとんどが軽症で済みますが、重い肺炎を引き起こす場合もあるので注意が必要です。

　これに対して、**SARSコロナウイルス**と**MERSコロナウイルス**は、急性の重い呼吸器疾患を引き起こします。SARSとは**重症急性呼吸器症候群**で、2002～2003年にかけて中国南部の広東省から感染が拡大し、世界で合計8000人以上の感染者が報告されています。MERSとは**中東呼吸器症候群**で、2012年に初の感染例が報告されて以来、2020年1月までに2500人を超える感染者が報告されており、現在も中東を中心に感染例の報告が続いています。これらのウイルスはヒトと動物に共通して感染するもので、

82

第3章　理科ニュース

感染源は、ＳＡＲＳがキクガシラコウモリ、ＭＥＲＳがヒトコブラクダと考えられています。今回の新型コロナウイルスは、ヒトに感染する７種類目のコロナウイルスということになります。

コロナウイルスの特徴

コロナウイルスという名前は、ウイルスを電子顕微鏡で観察したとき、球形の表面に多数の突起が見られ、その姿が王冠のように見えることからつけられました。コロナ（corona）とはギリシャ語で「王冠」の意味で、太陽のコロナも同じ由来です。コロナウイルスは、直径が約0.1μm（マイクロメートル）ほどの大きさです。「マイクロ」は「100万分の１」を表します。つまり、１ｍの1000万分の１、１㎜の１万分の１ということなので、光学顕微鏡では見ることができません。脂質でできた膜の中には、ＲＮＡという遺伝情報を含む１本の鎖状の分子が入っていて、脂質の膜の表面には、スパイクタンパクと呼ばれている突起があります。この脂質の膜は、石けんや洗剤に含まれる界面活性剤に弱いため、感染防止には手洗いが有効です。

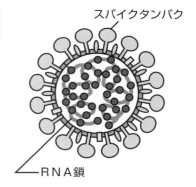

（出典：国立感染症研究所ホームページ）

「コロナウイルスとは」（国立感染症研究所）（https://www.niid.go.jp/niid/ja/from-idsc/2482-corona/9303-coronavirus.html）を加工して作成

ウイルスは生物ではない？

生物には、細胞の中に「ゲノム」という長い鎖状の分子があり、そこにその生物の設計図ともいえる遺伝情報が収められています。ウイルスもゲノムであるＤＮＡまたはＲＮＡという鎖状の分子を持つという点では、生物に近い存在であると考えることができます。しかし、新型コロナウイルスに限らず、**ウイルスには単独で自己複製をする能力がありません**。その点においては、**ウイルスは生物ではない**と考えられます。

ウイルスによる感染症は、ウイルスが体内で増殖することで発症します。自己複製の能力を持たないウイルスは、ヒト、コウモリ、ラクダなどの生物（宿主という）の体内に入りこみ、宿主の細胞に自分の複製を「作らせて」増殖するのです。普通の生物がゲノムを自己複製するのに対して、ウイルスの場合にはその役割を宿主に依存しているわけです。

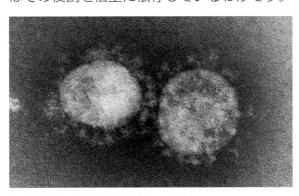

ＳＡＲＳウイルスの電子顕微鏡写真
（出典：国立感染症研究所ホームページ）

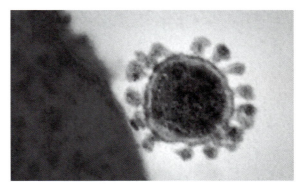

ＭＥＲＳウイルスの電子顕微鏡写真

83

ゲノムは設計図

ゲノムとは、すべての遺伝情報のことです。DNAやRNAの鎖には、それぞれ塩基と呼ばれる構成単位が数万〜数億個並んでいます。DNAやRNAを構成する塩基は、アデニン・チミン（RNAではウラシル）・シトシン・グアニンの4種類しかありません。これらの塩基は、3個が1つのセットとして特定のアミノ酸を表しており、DNAやRNAの塩基配列に基づいてタンパク質が合成されます。したがって、ゲノムの塩基配列は生物の「設計図」であり、塩基は設計方法を記した「文字」と考えることができます。

ゲノム複製のしくみ

生物が増殖するために細胞の数を増やすときは、細胞に含まれているゲノムを正確に複製する必要があります。

DNAは、塩基の鎖2本が対になって結びついた、右のような「二重らせん構造」をとっています。DNAの2本の鎖は、お互いの塩基どうしが結びついています。塩基どうしが結びつくときの組み合わせは次のように決まっているため、鎖の結びつきをほどいて、それぞれの鎖に並ぶ塩基に対応する塩基を並べていけば、元の鎖とまったく同じ塩基配列を作ることができます。

ほどいた鎖に対応する塩基を結びつける複製過程は、ポリメラーゼという酵素の働きによって進められます。このようにしてできた2つのDNAは、二重らせんの一方が元のDNA由来の鎖で、もう一方が新たに作られた鎖ということになります。

塩基が結合する組み合わせ
アデニン(A)⇔チミン(T)　シトシン(C)⇔グアニン(G)
※RNAではチミンがウラシル(U)にかわる

DNAの「二重らせん構造」

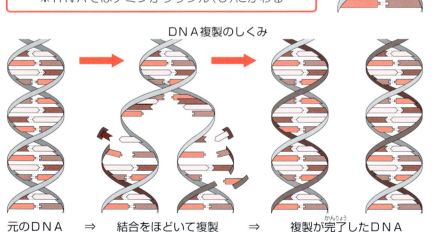

DNA複製のしくみ

元のDNA　⇒　結合をほどいて複製　⇒　複製が完了したDNA

ウイルスの感染を確認する方法

新型コロナウイルスは、おもに感染したヒトの気道粘膜に多く存在します。したがって、感染を確認するには、気道粘膜中のウイルスの有無を確認すればよいことになります。この確認には、PCR法という方法が使われます。PCRとはポリメラーゼ連鎖反応のことで、PCR検査とは、検出したいウイルスなどが特有に持つ遺伝子の特定部分をポリメラーゼによって人工的に増やすPCR法を利用して、ウ

イルスの存在を確認するものです。ＰＣＲ検査でウイルスが持つ特定の遺伝子が確認されたとき、その検体が採取されたヒトは「陽性」と判断されます。

ウイルス感染症に対抗する手段

感染を防ぐには、まずはウイルスを体内に侵入させないことです。そのためには、手洗い・うがい・消毒・マスク着用などを心がけるほか、ウイルスが他のヒトにうつりやすい環境となる「3密（密閉・密集・密接）」を避けることが大切です。

万が一ウイルスに感染した場合には、ウイルスが増殖する過程の一部を阻害する抗ウイルス剤という薬を投与して、ウイルスが体内で増殖するのを防ぐという方法があります。また、体内には侵入したウイルスなどの異物をやっつける「免疫」というシステムが備わっています。これは、体内に侵入した異物の特定の目印（抗原）に結合する抗体というタンパク質を作り出し、その抗体ごと異物を排除する働きです。

あらかじめ弱毒化、または不活化したウイルスなどの病原体がワクチンで、健康な状態のときにワクチンを接種して免疫を獲得することを予防接種といいます。一度獲得した免疫は体内で記憶されているため、次に同じ病原体が侵入したときには抗体が迅速に作られ、発症や悪化を防ぐことができます。しかし、抗ウイルス剤やワクチンを投与すると、副作用やアレルギー反応を起こすことがあるのが問題点です。アレルギー反応とは、本来なら無害の異物に対して、免疫システムが過剰に反応してしまい、逆にマイナスの症状を引き起こすことをいいます。

薬剤開発の難しさ

インフルエンザの場合には、予防のためのワクチンも感染後の抗ウイルス剤も開発され、すでに実用化されています。しかし、新型コロナウイルス感染症（ＣＯＶＩＤ－19)の場合には、新型であるがゆえに有効な薬剤が未開発で、現在は、既存の薬剤で効果が認められるものを治療に利用しつつ、いろいろな国の企業や研究機関がワクチンなどの開発を進めています。しかし、ウイルスに対して有効であっても、薬剤の投与による重大な副作用があってはならないため、十分な安全性が確保できることが保証される薬剤の開発には時間と労力がかかります。

ＰＣＲ検査、抗体検査、抗原検査の違い

	ＰＣＲ検査	抗原検査	抗体検査
何を調べるか	現在感染しているか	現在感染しているか	過去に感染したことがあるか
方法	ウイルスの遺伝子を増幅させて検出	ウイルスの中の特定のたんぱく質を検出	感染したときにできた「抗体」を検出
時間	時間がかかる	短時間で済む	短時間で済む
精度	高い	ＰＣＲ検査より低い	

台風9号と10号が連続して襲来

10号は「特別警報級」と思われたが、接近時の勢力は予想より弱かった

国際宇宙ステーション（ISS）から撮影された台風10号の渦巻
（NASA Photo ID：ISS063-E-86775 https://eol.jsc.nasa.gov/SearchPhotos/photo.pl?mission=ISS063&roll=E&frame=86775 より）

2020年9月1日から3日にかけて、**台風9号**が九州の西に接近し、北上していきました。台風9号は、統計開始以来最高を記録していた海面水温の影響で、非常に強い勢力を保ったままでの接近でした。その直後の9月6日から7日にかけては、**台風10号**もほぼ同じ進路で接近し、北上していきました。気象庁では、**特別警報**を発表するクラスの台風に発達すると予想していましたが、実際には、接近時に勢力が予想よりも弱まっていたため、特別警報は発表されませんでした。

▶ 非常に強い台風9号が九州に接近

　台風9号の接近時には、飛行機や船が欠航し、山陽新幹線も一部運休するなど、交通機関が乱れました。鹿児島・熊本・大分など九州各県で警戒レベル3に当たる**「避難準備」**の情報が出されたほか、長崎県の五島市全域と西海市の一部には、警戒レベル4に当たる「避難勧告」が出されました。一時は、九州の約12万戸で停電も発生しました。この台風が通り過ぎた3日には、台風に向かって太平洋側から温かく湿った空気が流れこんだために、その空気が山地を越えた日本海側の新潟県三条市では、**フェーン現象**により最高気温が40.4℃になりました。日本国内で9月に40℃以上の気温が観測されたのは初めてです。

台風9号の進路
（気象庁の資料より作成）

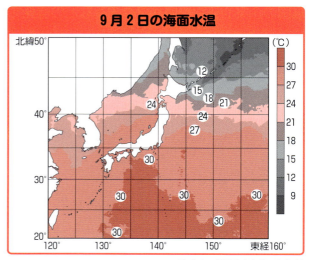

9月2日の海面水温
（気象庁の報道発表資料より作成）

特別警報級？の台風10号

一方、台風10号は、9月5日には中心気圧が920ヘクトパスカル、最大風速が毎秒50mにまで発達しました。平均風速が毎秒15m以上の強風域の直径が1000kmを超える非常に大きい台風となり、さらに発達するか勢力を保ったまま、九州に上陸する可能性がありました。そのため、厳重な警戒が呼びかけられ、特別警報の発表もあり得るとされたのです。

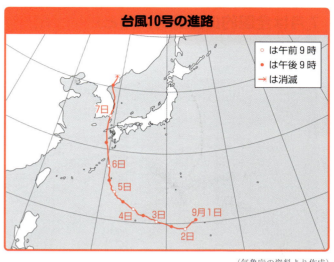

台風10号の進路

（気象庁の資料より作成）

特別警報発表に至らなかった理由

台風などを要因とする特別警報の発表条件は、中心気圧が930ヘクトパスカル以下または最大風速が毎秒50m以上の「伊勢湾台風」級の台風や温帯低気圧が来襲する場合です（沖縄地方など一部の地域は基準が異なる）。台風の場合は中心気圧または最大風速が、温帯低気圧については最大風速が基準を超えると予想された場合に発表されます。今回の台風10号では、西側の東シナ海方向から台風に向かって乾燥した空気が流れこんだため、台風が予想よりも発達しませんでした。また、北上する速度が速かったため、強い雨が降っている時間が短くなり、西日本での雨量は予想よりも少なくなりました。さらに、台風による潮位の上昇のピークが満潮時刻とずれたために、高潮の発生地点が予想よりも少なくなりました。こうしたことが幸いして、予想されたほどの大災害にはなりませんでした。

9月5日9時の時点での台風10号の進路予想図

（気象庁の資料より作成）

9月5日18時（特別警報予告）の時点での台風10号の進路・強度予報

（気象庁の資料より作成）

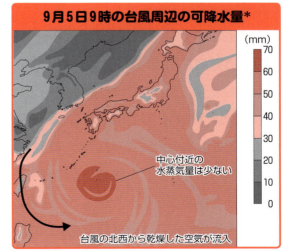

9月5日9時の台風周辺の可降水量*

＊可降水量＝水蒸気量に相当

（気象庁の資料より作成）

小学生に知っておいてほしい ニュースTOP20
第6位 九州などの豪雨災害

3 「令和2年7月豪雨」により各地で浸水被害

7月は全国的に記録的大雨と日照不足。8月は一転して猛暑に

7月28日から29日にかけて、山形県内を流れる最上川が各地で氾濫した。河北町では農地のほか、住宅の浸水被害も相次いだ

2020年7月は、東北地方から九州までの広い範囲で記録的な大雨と日照不足に見舞われました。特に、7月3日から4日にかけて熊本県南部の天草から人吉にかけて発生した線状降水帯による大雨は球磨川の氾濫を引き起こし、人命を含む甚大な被害をもたらしました。その後も各地で大雨による被害が相次いだため、気象庁では、7月3日から31日までの一連の豪雨を「令和2年7月豪雨」と命名しました。8月は一転して猛暑となり、静岡県浜松市では17日に、国内での最高気温のタイ記録となる41.1℃を観測しました。

熊本県南部には東西280kmの線状降水帯がかかる

7月4日午前3時ごろ、九州北部に停滞していた梅雨前線上に低気圧が進みました。この低気圧に向かって、東シナ海方向と、太平洋高気圧に沿った南西方向の両方から大量の水蒸気が流れこみ、梅雨前線から100〜200km離れた熊本県南部の天草地方から球磨地方を中心に、多い所で3時間に200mm

7月4日3時にレーダーにより観測された降水量から見た線状降水帯の構造

(気象庁の報道発表資料より作成)

を超える猛烈な雨が降りました。原因は、東西の長さが約280kmで幅が約70kmにも及ぶ、大規模な線状降水帯でした。これは、発達した積乱雲群により、数時間にわたってほぼ同じ場所で強い雨が降る、線上にのびる領域のことです。ある地域で積乱雲が連続して発生しているとき、その積乱雲が風に流されて移動した後も、元の場所では新たな積乱雲が次々に発生し続けることがあります。そうなると、まるで巨大なビル群が立ち並ぶように積乱雲群が並ぶことになります。こうした線状降水帯の形成過程を「バックビルディング型」といいますが、今回もそれが起こったのです。

氾濫が発生した河川

第3章　理科ニュース

その他の河川でも被害が続出し、7月8日には岐阜県下呂市の飛騨川（木曽川の支流）で、7月14日には島根県江津市の江の川で、7月28日には山形県河北町や大石田町などの最上川で、それぞれ氾濫が起こりました。

記録的な大雨の原因は

2020年7月の記録的大雨や日照不足は、次のようないくつかの要因が重なったことで起こりました。

まず、**偏西風**が南側に蛇行していたため、**梅雨前線**が日本付近に停滞し続けてしまいました。また、**太平洋高気圧**が例年よりも南西に張り出していました。その結果、梅雨前線に沿って西から流れこむ水蒸気と、太平洋高気圧から吹き出す南西からの風によって運ばれてくる水蒸気が日本付近で大量に集中しました。さらに、黄海付近に現れた気圧の谷の影響で梅雨前線の活動が強まったため、大雨が降りやすい状態が続いたと考えられます。

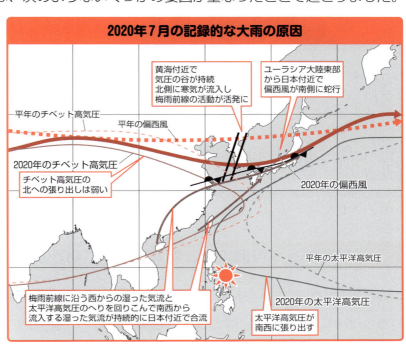
（気象庁の報道発表資料より作成）

2020年7月の降水量の平年との比（％）
（気象庁の報道発表資料より作成）

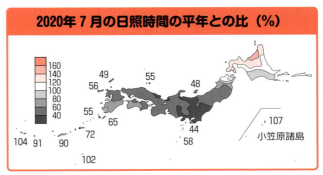
2020年7月の日照時間の平年との比（％）
（気象庁の報道発表資料より作成）

8月は一転して高温・少雨に

8月に入ると偏西風は北側に蛇行するようになり、**太平洋高気圧とチベット高気圧**が関東地方以西を二重に覆ったため、強い日射と南方からの暖気の流入によって、関東地方以西では晴れて暑い日が多くなりました。8月17日には、**静岡県浜松市で41.1℃**を観測しましたが、これは、埼玉県熊谷市で2018年7月23日に観測された国内での最高気温記録に並ぶものでした。

4 「こうのとり」の最終機が無事に役目を終える

初号機から一度の失敗もなく、ISSに物資を補給。その役割は後継機「HTV-X」に引きつがれる

日本の宇宙ステーション補給機「こうのとり（HTV）」　©JAXA／NASA

2020年5月21日、日本の宇宙ステーション補給機「こうのとり」の最終機となる9号機（HTV9）が、種子島宇宙センターから、H-ⅡBロケット9号機により打ち上げられました。**国際宇宙ステーション（ISS）**に結合して物資を補給した後、8月19日には、不用品などを搭載してISSを離脱しました。20日には大気圏に再突入して燃え尽き、その役割を終えました。

日本人宇宙飛行士のISS長期滞在も予定されています。2020年秋からは**野口聡一**飛行士が、2021年春からは**星出彰彦**飛行士が、それぞれ約6か月滞在します。

初号機から9号機まで、物資補給に100％成功

今回のH-ⅡBロケット9号機による「こうのとり」9号機の打ち上げ時には、新型コロナウイルス感染症のため、種子島に見学に来ることは自粛するよう呼びかけられていました。ロケットの発射台には、そのような状況にあっても勇気を与える「感謝 THANKS」「HOPE　希望」という言葉が記されていました。

H-ⅡBロケット9号機の移動発射台に掲示されたメッセージ　©JAXA

「こうのとり」は、2009年9月11日に技術実証機として初号機が打ち上げに成功して以来、約11年間にわたって一度の失敗もなく、すべてミッションを成功させてきました。ISSへの無人補給機にはアメリカの「ドラゴン」「シグナス」、ロシアの「プログレス」もありますが、これまで、ISSへの物資補給を100％成功させているのは、日本の「こうのとり」だけです。

「こうのとり」の残した実績

「こうのとり」は、ISSに補給する食料、衣類、各種実験装置、保守や維持にかかわる機器などの物資を最大6トンまで搭載することが可能で、世界最大の物資補給能力を持っています。また、「こうのとり」が初めて採用したISSへの接近方式はその後、アメリカの補給機にも取り入れられ、日本が誇る国際標準の技術となっています。

その他の高度な技術としては、レイトアクセスと小型回収カプセルが挙げられます。レイトアクセスとは、打ち上げ間近に物資を搭載することで、この技術により、生鮮食品をＩＳＳに届けることが可能になりました。また、小型回収カプセルで、ＩＳＳからサンプルを大気圏突入時の高温にさらすことなく低温に保ったまま地上に持ち帰る技術もあります。これにより、ＩＳＳでの研究成果を、地上にある高度な機器で分析することもできるようになりました。

ＩＳＳ船外の宇宙空間に設置される装置などを収納する区画から取り出される「曝露パレット」という荷物台　©JAXA/NASA

後継機となる「ＨＴＶ－Ｘ」を開発中

宇宙航空研究開発機構（ＪＡＸＡ）では、「こうのとり」に代わる後継機となる新型宇宙ステーション補給機「ＨＴＶ－Ｘ」の開発を進めています。

「ＨＴＶ－Ｘ」のイメージ画　©JAXA

「ＨＴＶ－Ｘ」は、「こうのとり」で培ってきた技術をより発展・向上させています。輸送能力については、スペースをより効率的に活用できる構造を採用して搭載量を増やし、また本体の軽量化によって、より重い荷物の搭載を可能にしています。打ち上げは、開発中のＨ３ロケットにより行われます。運用性については、低温を維持するために電源が必要な荷物への対応が可能になり、レイトアクセスも打ち上げの「80時間前」から「24時間前」に短縮されます。また、厳しい環境である地球低軌道で長期間運用できる技術の採用により、ＩＳＳ離脱後も実験などを行うことが可能になります。

なお、アメリカは再び月に人を送る「アルテミス計画」を進めており、そのために月を周回する有人拠点「ゲートウェイ」を建設しようとしていますが、そこへの物資補給においても「ＨＴＶ－Ｘ」を活用することが検討されています。

日本人宇宙飛行士２人がＩＳＳへ

日本人宇宙飛行士のＩＳＳへの長期滞在も予定されています。2020年秋からは野口聡一宇宙飛行士が、2021年春からは星出彰彦宇宙飛行士が、それぞれＩＳＳで約６か月間のミッションを開始します。２人とも、アメリカの民間企業スペースＸ社が無人補給機「ドラゴン」を改良して開発した有人宇宙船「クルードラゴン」によってＩＳＳに向かいます。このうち星出飛行士は、ＩＳＳで船長を務めることになっています。

野口聡一宇宙飛行士　©JAXA/NASA

星出彰彦宇宙飛行士　©JAXA/GCTC

5　2020年は夏至の日に部分日食

台湾などでは金環日食。2030年には北海道でも金環日食が見られる

6月21日に沖縄県石垣島（いしがきじま）で見られた部分日食

2020年6月21日（夏至（げし）の日）には、2019年12月26日以来の**部分日食**が日本で見られました。アフリカ、インド、中国などでは**金環（きんかん）日食**が観測（かんそく）された地域（ちいき）がありました。

そのおよそ6か月後の12月14日から15日（日本時間）にかけては、南アメリカのチリやアルゼンチンで**皆既日食**が見られます。この皆既日食は、日本から見て地球の反対側で起こり、その時間帯に日本は深夜であるため、国内で直接（ちょくせつ）観測することはできません。

なお、次に日本全国で日食が見られる機会は、10年後の2030年までありません。

次に全国で日食が見られるのは2030年

6月21日の日食では、月の影（かげ）は12時46分（日本時間）ごろからアフリカ中央部の地表に映（うつ）り始め、インド、中国本土、台湾（たいわん）などを影の中心が通過（か）していき、18時34分ごろに西太平洋上で消えました。日本では、月の半影（はんえい）が16時ごろから18時過（す）ぎにかけて各地を通過したために、**部分日食**として観測されました。天候に恵（めぐ）まれずに観測できなかった地域が多かったのですが、最も欠けたとき（食の最大）には関東地方では4割（わり）ほど、沖縄本島では8割ほどが欠けて見えるはずでした。

次に日本で観測可（か）能な日食は、2023年4月20日に起こります。オー

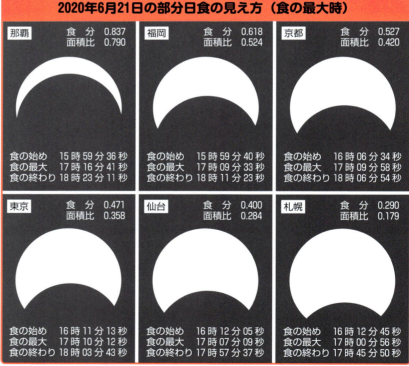

※上が天の北極
※食分：太陽の直径のうち、月によってかくされた部分の割合
※面積比：太陽の面積のうち、月によってかくされた部分の割合

（国立天文台 天文情報センターの資料をもとに作成）

ストラリアやインドネシアの一部地域では皆既日食が、日本では九州、四国、紀伊半島の南部などで部分日食が観測されると予測されています。また、日本全国で観測可能な日食が起こるのは2020年から10年後の2030年6月1日となり、北海道の大部分で金環日食が、その他の地域では部分日食が観測できると予測されています。さらに、2035年9月2日には、北陸から北関東にかけて皆既日食が観測されますが、東京では皆既にはなりません。

日食とは

日食とは月の影が地球に映る天文現象で、「太陽－月－地球」がこの順に一直線上に並ぶ新月のときの日中に起こります。月の影のうち本影に入ると太陽が完全に隠れるために皆既日食となりますが、2020年6月21日の

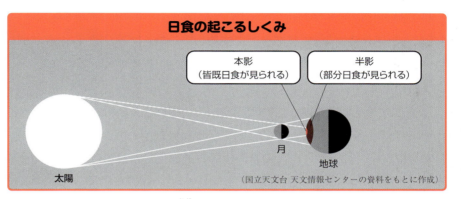

日食では、地球と月との距離がやや遠く、月の本影が地表に届かなかったため、台湾などでは、月が太陽を隠しきれず、月のまわりに太陽がリング状に見える金環日食が観測されたのです。金環日食が見られる帯状の細長い地域から北に外れた日本では、部分日食となりました。日本国内では、南の地方ほど大きく欠けました。

2020年は3回の半影月食

一方、月食とは、満月のとき、「太陽－地球－月」がこの順に一直線上に並び、地球の影に月が入って起こる天文現象です。地球の影のうち本影に月が入ると、月が欠けて見える皆既月食や部分月食になりますが、半影に月

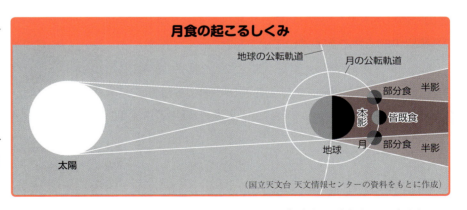

が入っても、月には太陽の光が届いているため、地球から見ても、わずかに暗くなるだけで、欠けているようには見えません。これが半影月食ですが、2020年は、1月11日と6月6日のそれぞれ未明に起こりました。11月30日の日没後にも起こります。もっとも、本影の中にも、地球の大気を通過するときに屈折した、大気で散乱しにくい赤色の光がわずかながら届いています。そのため、皆既月食でも月が完全に見えなくなることはなく、暗い赤銅色に見えます。なお、地球の公転面と月の公転面には約5度の傾きがあるため、新月や満月のたびに日食や月食が起こるわけではありません。

もっと知りたい その他の理科のトピックス

2021年は火星が熱い

2020年7月、火星に向けて3機の探査機が旅立ちました。まず、20日にはアラブ首長国連邦（UAE）の探査機「HOPE」が、日本のH-IIAロケット42号機によって打ち上げられました。H-IIAロケットは、これで36回連続での打ち上げ成功です。次に、23日には中国の「天問1号」が打ち上げられ、30日にはアメリカ航空宇宙局（NASA）の「パーシビアランス」も打ち上げに成功しました。「パーシビアランス」とは、英語で「不屈の精神」という意味です。

火星表面で活動する「パーシビアランス」のイメージ

これら3機の探査機は、すべて2021年2月に火星に到着する予定です。このうち「天問1号」と「パーシビアランス」は、火星に着陸もすることになっています。「パーシビアランス」は火星の物質を地球に持ち帰る「サンプルリターン」を計画しており、予定では2026年に打ち上げられるヨーロッパ宇宙機関（ESA）の探査機によって、サンプルを保存する容器が回収され、2031年に地球に届けられます。また、「パーシビアランス」には小型ヘリコプター「インジェニュイティ」が搭載されており、条件が整えば火星で飛行試験を行う計画です。なお、「インジェニュイティ」とは「創意工夫」という意味です。

地球と火星が最接近

2020年10月6日には、2018年7月31日以来、約2年2か月ぶりに地球と火星が最接近しました。このときの地球と火星との距離は約6207万kmでした。火星はうお座の方向にあり、-2.6等級の明るさで赤く輝いていました。

この時期の地球は火星を追いぬいていくため、9月10日から11月16日までは火星が天球上を西から東にではなく、東から西に動く「逆行」運動をしています。次回の最接近は2022年12月1日となります。

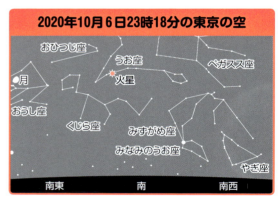

（国立天文台 天文情報センターの資料をもとに作成）

「はやぶさ2」が12月に地球にカプセルを投下

小惑星「リュウグウ」を探査した日本の探査機「はやぶさ2」は、これまでに世界初となる複数回のタッチダウンや人工クレーター（「おむすびころりんクレーター」と命名）の生成など、輝かしい成果をあげてきました。その集大成として、2020年12月6日、地球に帰還してオーストラリアの砂漠に「リュウグウ」のサンプルが入ったカプセルを投下する予定です。その後、「はやぶさ2」は次の目的地となる小惑星「1998KY26」をめざして旅立ちます。地球と火星の間を回る小惑星「1998KY26」は、直径が約30m、自転周期が約10分という天体で、2031年7月に到着予定です。

第3章　理科ニュース

千葉県に「習志野隕石」が落下

2020年7月2日午前2時32分ごろに、関東地方の上空を西から東へ向かって大きな火球が飛ぶのが観測されました。火球とは、流星の中でも特に明るいもので、このとき落下したと考えられる隕石が千葉県習志野市で発見され、国立科学博物館によって隕石であることが確認されました。隕石は落下時にいくつかの破片に分かれたとみられ、隣接する船橋市などでも発見されました。国内に落下した隕石が発見されたのは、2018年に愛知県小牧市に落ちた小牧隕石以来2年ぶりで、今回の隕石は、最初の発見地から、国際隕石学会に「習志野隕石」として登録されます。

千葉県船橋市で発見された2個の「習志野隕石」の破片
（画像提供：国立科学博物館）

KAGRA（かぐら）が本格的に重力波の観測を開始

これまで試験運転と調整を続けてきた岐阜県飛騨市神岡町の神岡鉱山地下にある大型低温重力波望遠鏡「KAGRA（かぐら）」が、2020年2月25日より重力波観測のための連続運転を開始しました。重力波とは、巨大な質量を持つブラックホールが合体したときなどに発生する時空のゆがみが光速で伝わってくるものです。これまで、アメリカのLIGO（2台）とヨーロッパのVIRGO（1台）の3台で、重力波を数多く観測してきました。これにKAGRAが加わることで重力波観測ネットワークが構築され、さらに精度の高い観測ができるようになることが期待されます。

神岡鉱山の地下200mに建設された「KAGRA」
（画像提供：東京大学宇宙線研究所　重力波観測研究施設）

スーパーコンピュータ「富岳」が計算速度世界一になる

兵庫県神戸市のポートアイランドにある理化学研究所の計算科学研究センターで、2019年8月に稼働を停止したスーパーコンピューター「京」の後継機「富岳」が、2020年5月から稼働を開始しました。本来は2021年度に本格的な供用が開始される予定でしたが、新型コロナウイルス感染症の拡大を受けて、その治療法などの研究のため、一部を2021年度の本格供用に先がけて稼働させることになりました。その性能は、スーパーコンピュータの

スーパーコンピュータ「富岳」

国際ランキングにおいて、省エネ性能の「Green500」では2019年の試作機の段階で1位となり、2020年6月に発表された計算速度の「TOP500」でも、1秒間の計算回数で2位に約2.8倍の差をつけて1位となりました。

「富岳」とは富士山のことで、富士山の高さが性能の高さを表し、裾野の広がりが利用者の広がりを意味しています。「富岳」を利用した新型コロナウイルス関連の研究例としては、既存の薬から効果的な治療薬を探す取

り組み、社会・経済活動に及ぼす影響や感染の広がり方のシミュレーションなどがあります。このような医療や社会の分野のほかに、台風の動きや洪水などの災害の予測、生命や宇宙の謎の解明といった分野でも活躍が期待されています。

熱中症警戒アラートを関東甲信地方で試験運用

環境省と気象庁は共同で、熱中症への警戒を呼びかける「熱中症警戒アラート」の運用を、関東甲信地方に限定して先行的に始めました。期間は2020年の7月からで、10月の第4水曜日までの試験運用です。

「熱中症警戒アラート」は、従来の「高温注意情報」に代わる注意喚起の情報です。高温注意情報は気温のみで湿度などは考慮していなかったのに対し、熱中症警戒アラートは、人体に対する熱の影響が大きい「気温・湿度・放射」の要素を取り入れた指標である「暑さ指数（WBGT）」を基準としています。「暑さ指数」の単位は℃で、28℃以上になると熱中症の危険度が増すと考えられており、翌日または当日に、これが33℃以上になることが予想された場合に発表されます。最初に出されたのは8月6日で、東京都、千葉県、茨城県では翌7日に厳重な警戒が必要だとされました。2020年の結果を検証したうえで、2021年の夏からは全国で運用を開始する予定です。

（出典：環境省熱中症予防情報サイト https://www.wbgt.env.go.jp/wbgt_lp.php
「暑さ指数（WBGT）について学ぼう」（環境省）https://www.wbgt.env.go.jp/wbgt_lp.phpを加工して作成）

緊急地震速報で誤報

2020年7月30日午前9時38分ごろに、関東甲信・伊豆諸島・東海・東北・北陸地方の1都14県に対して緊急地震速報が発表されましたが、震度1以上の地震は観測されませんでした。この速報により、東京都の都営大江戸線は、約1時間30分にわたって運転を停止しました。

今回の速報発表の基となったのは、伊豆諸島の鳥島近海を震源とするマグニチュード5.8の地震でした。誤報の原因は、震源を房総半島南方沖と推定して、そこから800km以上も離れた観測点の震度データを用いたことで、地震の規模をマグニチュード7.3と過大に見積もってしまったためでした。気象庁ではこのような誤報を防ぐ対策として、マグニチュードの算出には震源からの距離が700km以下の地点のデータのみを使用するよう、システムを改善すると発表しました。

ノーベル賞授賞式がテレビ中継になる

平和賞を除くノーベル賞の授賞式は、毎年スウェーデンの首都ストックホルムで行われていますが、2020年は新型コロナウイルス感染症の世界的流行のために、中止となることが決まりました。授賞式の中止は、第二次世界大戦中の1944年以来となります。例年はスウェーデン国王からメダルと賞状が直接手渡されますが、2020年の受賞者はその国のスウェーデン大使館などで受け取り、その様子がテレビで中継されることになりました。

2019年の授賞式で、スウェーデンのカール16世グスタフ国王（右）からノーベル化学賞を授与される吉野彰氏（左）

2021年中学入試 予想問題

次のページからは、サピックス小学部作成の「入試予想問題」となっています。記号選択や語句記入の問題もあれば、記述問題もあります。さまざまなタイプの問題に挑戦して、学習の総仕上げをしてください。

国内政治・経済・社会	……………………………………………………………………	98
国 際	……………………………………………………………………	110
その他の社会	……………………………………………………………………	116
理 科	……………………………………………………………………	124
解 答	……………………………………………………………………	153

（代々木ゼミナールの書籍案内ページにも同じものがあります。）

解答用紙と解説はサピックス小学部HPにあるよ！

アクセス
サピックス小学部 HP
https://www.sapientica.com/application/activities/gravenews/

代々木ゼミナールの書籍案内
https://www.yozemi.ac.jp/books/

ダウンロード → プリントアウト

※予想問題に取り組むときは、解答用紙をダウンロードしてご利用ください。

予想問題

国内政治・経済・社会！

解答用紙と解説はサピックス小学部ＨＰにあるよ！

解答は153～154ページにあります。

1 2020年のできごとに関する次のⅠ～Ⅲの文章を読んで、あとの問いに答えなさい。

Ⅰ 「見えない敵」ともいえる新型コロナウイルス①感染症の流行は、国民生活にさまざまな影響を及ぼしました。首相からの臨時休校措置の要請を受け、みなさんがふだん通っている②学校が長期にわたり休校となったほか、会社員はできるだけ③在宅で勤務することが促されるなど、人々の日常生活に大きな変化が生じました。4月7日に7都府県に発令された④緊急事態宣言は16日に全都道府県に拡大され、⑤食料品の買い物や通院などを除く不要不急の⑥外出の自粛が求められる日々が続きました。同時に、⑦マスクを着用し手洗いをよくすることや、消毒を心がけることとともに、⑧3つの「密」を避けることも繰り返し呼びかけられました。緊急事態宣言は5月14日から段階的に解除され、5月25日にはすべての都道府県で解除されました。経済活動を本格的に再開するにあたっては、「⑨新しい生活様式」が提唱されています。

問1 下線部①について、次の(1)・(2)の各問いに答えなさい。

(1) 感染症対策を行う国際連合の専門機関である世界保健機関（WHO）の本部が置かれている都市として正しいものを、次のア～エから1つ選び、記号で答えなさい。

　　ア ローマ　　イ ジュネーブ　　ウ パリ　　エ ニューヨーク

(2) 奈良時代や平安時代には国内で天然痘が大流行したと考えられています。平安時代の9世紀に清和天皇が行った、疫病を祈りで鎮めようとした方法を説明しなさい。

問2 下線部②について、2020年は公立小学校の夏休み期間を短縮する動きがありました。公立小学校の夏休み期間は一般的にどのようにして決められるのか、**30字以内**で答えなさい。

問3 下線部③について、今後さらに在宅勤務が普及した場合に生じると考えられることとしてふさわしくないものを、次のア～オから2つ選び、記号で答えなさい。

　　ア 都心回帰現象が強まり、地方都市の地価が大幅に下落する。
　　イ 都心部の鉄道において、朝や夕方の時間帯に運行の遅延が減る。
　　ウ 高性能のインターネット環境を整備する企業の株価が上がる。
　　エ 交通費や昼食にかかる費用が減り、スーツやネクタイの売り上げが増える。
　　オ 書類にハンコを押すことが減り、印鑑などのデータ化が進む。

問4　下線部④について、次の(1)〜(3)の各問いに答えなさい。

(1) 緊急事態宣言は、新型コロナウイルス感染症を適用対象とした「改正新型（　　　）等対策特別措置法」に基づき発令されました。この空らん（　　　）に当てはまることばを、次のア〜エから1つ選び、記号で答えなさい。

ア　クラスター　　イ　パンデミック　　ウ　インフルエンザ　　エ　ロックダウン

(2) 右の地図は、4月7日に緊急事態宣言が発令された7都府県を示したものです。これら7都府県について説明した文として正しいものを、次のア〜ウから1つ選び、記号で答えなさい。ただし、すべて正しくない場合はエと答えなさい。

ア　すべての都府県に政令指定都市がある。
イ　すべての都府県で、2018年〜19年の間に人口が増加している。
ウ　すべての都府県に空港と新幹線の駅がある。

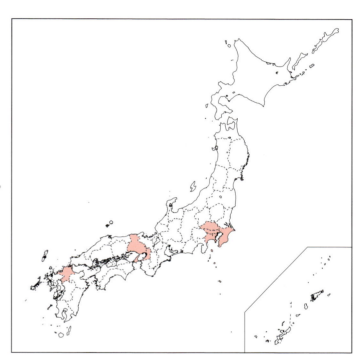

(3) 緊急事態宣言が発令された際、非常時に特定の機関に強い権限を与える「緊急事態条項」を憲法に盛りこむことの是非が議論になりました。この「緊急事態条項」については、自由民主党が2018年に示した4項目の改正憲法条文案にも含まれていましたが、残り3つはどのような内容でしたか。空らん（　A　）〜（　C　）に当てはまる語句を、（　A　）は漢字3字で、（　B　）・（　C　）は漢字2字で、それぞれ答えなさい。

※　第9条：（　A　）を明記する。　　※　第26条：（　B　）を充実させる。
※　第47条：参議院の（　C　）を解消する。

問5　下線部⑤について、感染拡大の初期には、小松菜など葉物の野菜が値下がりすることもありました。このことに関する次の(1)・(2)の各問いに答えなさい。

(1) 小松菜が値下がりした理由を、「学校」という語句を使って30字以内で答えなさい。

(2) 小松菜は「●菜」といわれることもあります。●に、春・夏・秋・冬のいずれかを入れなさい。

問6　以下に挙げるサービスや商品は、下線部⑥のような状況において需要が高まったものです。これらのサービスや商品が持つ共通点を、**20字以内**で1つ答えなさい。

> 飲食店から料理を配達するサービス　　手芸用品
> 香りを調合したエッセンシャルオイル　動画配信サービス

問7　下線部⑦について、次の(1)・(2)の各問いに答えなさい。

(1)　薬局やドラッグストアの中には、右のような告知を行って、マスクを販売する時刻を毎日ずらしたところがありました。このような販売方法をとった目的として考えられることを、〈消費者への配慮の面〉と、〈近隣環境への配慮の面〉から、それぞれ説明しなさい。

> ＜お客様各位＞
> 当店では、マスク・消毒液などを開店時刻に販売することを中止させていただきます。販売開始時刻に関しましては、お答えできかねます。

(2)　マスクの着用によって、「あるもの」の売り上げが大きく減少しています。下の2つの〈ヒント〉を参考にして、「あるもの」を**漢字2字**で答えなさい。

> 〈ヒント1〉　女性がよく使う化粧品の一種で、さまざまなタイプの色があります。
> 〈ヒント2〉　棒状のものが多く、直接またはブラシで顔の一部に塗ります。

問8　下線部⑧について、次の(1)〜(3)の各問いに答えなさい。

【図1】　　　　　　　　　　　　　　　　【図2】
参議院議員議席図　　　　　　　　　　　参議院議員議席図（令和2年5月26日現在）

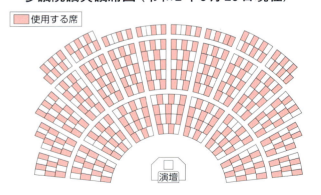

(1)　3つの「密」とは、「密（　D　）」・「密（　E　）」・「密（　F　）」を指しています。（　D　）〜（　F　）に当てはまる**漢字1字**をそれぞれ答えなさい。

(2) 3つの「密」をなるべく避けるために、参議院本会議場では左ページの【図1】から【図2】のように各議員の座席を空けることにしました。では、なぜこれだけ多くの席が空いていたのか、参議院の成り立ちをふまえて答えなさい。

(3) (2)の工夫により、参議院の採決方法も変わりました。どのように変わったのか、中心となる方法の変化がわかるように答えなさい。

問9 下線部⑨について、次の(1)・(2)の各問いに答えなさい。

(1) 「新しい生活様式」の実践例を公表した厚生労働省は、さまざまな社会保障政策を推進しています。社会保障について説明した次のX・Yの文の正誤の組み合わせとして最もふさわしいものを、あとのア～エから1つ選び、記号で答えなさい。

X：国民の最低限の生活を保障するために、政府がすべての国民に定期的に現金を給付する「ベーシックインカム」という考えがある。
Y：団塊の世代が全員75歳以上になり、医療や介護に関わる費用が増大する、いわゆる「2025年問題」が心配されている。

ア X：正 Y：正　イ X：正 Y：誤　ウ X：誤 Y：正　エ X：誤 Y：誤

(2) 新型コロナウイルスと共存していく中で、2017年にノーベル経済学賞を受賞したリチャード・セイラー氏が提唱した「ナッジ理論」が注目されています。右の写真にみられる、この理論を活用した取り組みには、どのようなねらいがあると考えられますか。Ⅰの文章や下の〈ヒント〉を参考にして説明しなさい。

（「地域新聞 洛タイ新報」提供）

〈ヒント〉 ナッジの意味…ひじで軽くつつく・背中を少し押す

Ⅱ 　新型コロナウイルスの感染拡大は、医療や経済活動にも深刻な影響を与えました。⑩医療に携わる人は患者の治療を行う医療体制を維持するために激務の日々を過ごす一方、人が集まるお店などは休業や営業時間の短縮を、イベントは中止・延期を求められたため、⑪倒産した企業や仕事を失った人が多く見られました。そのような中、⑫感染症の水際対策や患者検査のあり方、休業補償や生活支援のあり方も問題となりました。今後、どのようにして医療を整備し、落ちこんだ日本経済を立て直していくべきか、私たちは大きな課題に直面しています。

問10 　下線部⑩について、コロナ禍において医療従事者やその家族に対する偏見や差別が大きな問題になりました。このことに関する次の(1)・(2)の各問いに答えなさい。

(1) 　家族に未就学児がいる医療従事者が受けた差別にはどのような例がありましたか。また、その差別が社会全体にとって大きなマイナスを引き起こしかねないのはなぜですか。あわせて説明しなさい。

(2) 　感染症の患者やその家族に対する差別は、過去にも大きな問題になりました。「ハンセン病」に関する次の年表を見て、あとの(i)～(iv)の各問いに答えなさい。

1953年	「らい予防法」の制定
	→ 　強制隔離のほか、療養所入所者の外出制限や労働の禁止が規定される。
1956年	ローマ宣言の採択
	→ 　ハンセン病は伝染力が極めて弱い感染症であることが国際的に宣言される。
1958年	第7回国際ハンセン病学会が東京で開催
	→ 　強制隔離政策をとる国に対して、政策を破棄するよう訴えかける。
1996年	「らい予防法」の廃止
2001年	療養所入所者が国家に対して起こした賠償請求訴訟について、熊本地方裁判所が（　G　）勝訴の判決を下す。国は（　H　）を断念し、判決が確定する。
	→ 　当時の（　I　）首相が談話を発表する。
	→ 　国会は謝罪決議を行い、補償金の支給に関する法律を定める。
2003年	ハンセン病の元患者という理由で、ホテルから宿泊を拒否されるという事件が起こる。
2016年	ハンセン病患者の裁判が過去に、その患者が隔離された療養所に設けられた特別法廷で行われていたことに対し、最高裁判所は違法性を認めて謝罪する。
2019年	差別に苦しんできたハンセン病の元患者の家族に対しても、国が一定の金額を支給することが決まる。

(i) 　年表中の空らん（　G　）・（　H　）に当てはまる語句を、それぞれ**漢字2字**で答えなさい。

(ⅱ) 年表中の空らん（　Ⅰ　）に当てはまる人物として正しいものを、次のア～エから1つ選び、記号で答えなさい。

ア　橋本龍太郎　　イ　小泉純一郎　　ウ　竹下登　　エ　安倍晋三

(ⅲ) 年表中の下線部について、宿泊を拒否された患者が侵害されたといえる「基本的人権の享有」「幸福追求権」「法の下の平等」はすべて、日本国憲法の第●章に規定されています。●に当てはまる算用数字を答えなさい。

(ⅳ) ハンセン病の患者に対する国の政策の問題点はどこにあったと思いますか。年表から読み取れることを説明しなさい。

問11　下線部⑪について、次の(1)・(2)の各問いに答えなさい。

(1) 緊急事態宣言が出されていた4月から5月にかけての雇用状況を説明した文として最もふさわしいものを、次のア～エから1つ選び、記号で答えなさい。

ア　継続して雇用はされているが、実際には仕事をしていない「休業者」の数が、過去最大を記録した。
イ　失業者が大幅に増加し、失業率が前年の同時期と比べて約2割上昇した。
ウ　外出を避ける意識が高まり、自己都合による「自発的な離職」が急増した。
エ　都道府県別の失業率の高さにおいて、沖縄県が日本復帰後で初めて1位となった。

(2) 右の表は、新型コロナウイルス感染症が要因となって倒産した企業（計527件）の業種別件数の上位5位までを表したものです。表中の〈　　　　　〉に当てはまると考えられる業種を、Ⅰ・Ⅱの文章や、次に示した昨年度版の『サピックス重大ニュース』の項目の1つを参考にして答えなさい。

1位：飲食店	76件
2位：〈　　　　　〉	54件
3位：アパレル（衣服）小売店	36件
4位：建設・工事業	34件
5位：食品卸	30件

（帝国データバンクの資料より、9月15日16時現在）

『訪日外国人旅行者が3000万人を突破』

問12　下線部⑫について、次の(1)・(2)の各問いに答えなさい。

(1) 今からおよそ125年前、日本は帰国する船の水際対策によって、3か月で23万人以上の検疫を行い、コレラの国内感染拡大を防ぐことに成功しました。では、当時これだけ多くの人々が短期間に帰国したのはなぜですか。15字以内で答えなさい。

(2) (1)の検疫事業の責任者を務めた人物の名前を漢字で答えなさい。なお、この人物に関連する語句として、「台湾総督府」「鉄道院」「東京市」「関東大震災」などが挙げられます。

Ⅲ　私たちは国民であると同時に、都道府県や⑬市区町村といった地方公共団体の住民として⑭参政権を行使することができます。地方公共団体のうち、都道府県の首長は⑮知事と呼ばれ、知事には30歳になると立候補できます。知事の任期は4年であることが⑯法律で定められていますが、多選に関する法律上の制限はありません。⑰都道府県の仕事は多岐にわたりますが、⑱地域と国政をつなぐパイプ役としての役割も大切であるといえるでしょう。2020年7月には、⑲東京都知事選挙が行われました。東京では2021年に約1年遅れで⑳東京オリンピック・パラリンピックの開催が予定されています。私たちには、地方自治への参加を通じて身近な地域の未来に希望を持ち、山積するさまざまな課題を前向きに解決していく姿勢が求められているといえるでしょう。

問13　下線部⑬について、次の(1)・(2)の各問いに答えなさい。

(1)　現在の全国の市町村数として正しいものを、次の**ア～エ**から1つ選び、記号で答えなさい。

　ア　約1000　　**イ**　約1700　　**ウ**　約2400　　**エ**　約3100

(2)　地方公共団体に設置されている区について説明した次の**X・Y**の文の正誤の組み合わせとして最もふさわしいものを、あとの**ア～エ**から1つ選び、記号で答えなさい。

　X：東京23区の各区長は、それぞれの区議会で指名を受けた区議会議員の中から選ばれる。
　Y：全国に20ある政令指定都市においては、他の市にすでにある区と同じ名前の区を設置してはいけないことになっている。

　ア　X：正　Y：正　　**イ**　X：正　Y：誤　　**ウ**　X：誤　Y：正　　**エ**　X：誤　Y：誤

問14　下線部⑭について、次の(1)・(2)の各問いに答えなさい。

(1)　日本国憲法第15条第3項を示した次の条文中の空らん（　**J**　）・（　**K**　）に当てはまる語句を、それぞれ**漢字2字**で答えなさい。

> 公務員の選挙については、（　**J**　）者による（　**K**　）選挙を保障する。

(2)　次の文は、有権者総数が20万人の地方公共団体の首長に対して解職を求める際に必要となる一般的な手続きの流れを示したものです。文中の（　**L**　）～（　**O**　）に当てはまることばをそれぞれ答えなさい。

> 有権者の3分の1以上の（　**L**　）を集め、（　**M**　）に提出する。
> →（　**N**　）が行われ、有効投票総数の（　**O**　）の賛成を得ると解職が決定する。

問15 下線部⑮について、次の(1)・(2)の各問いに答えなさい。

(1) 2020年9月現在の大阪府知事として正しいものを、次のア～エの写真から1つ選び、記号で答えなさい。

(2) 知事について説明した文として最もふさわしくないものを、次のア～エから1つ選び、記号で答えなさい。

ア　現在、全国の知事のうち女性の占める割合は、衆議院議員のうち女性の占める割合より高い。
イ　戦前の知事は住民から選挙で選ばれた人物ではなく、政府から派遣された役人であった。
ウ　現職の知事は、在職したまま国政選挙に立候補することはできない。
エ　知事は議会で可決された条例案を拒否し、再度議決させる権限を持っている。

問16 下線部⑯について、「働き方改革関連法」に関する次の会話文を読んで、○○と□□に当てはまる漢字2字をそれぞれ答えなさい。

「私が働く職場は中小企業ですが、4月から○○労働・○○賃金となり、お給料が上がりました。それに、これまで使えなかった社員食堂や更衣室を利用できるようになりました。」

さぴこ

さぴお

「私も中小企業ですが、さぴこさんと違って正規雇用で働いています。これまで長□□労働が珍しくありませんでしたが、4月から□□外労働について上限が設けられたので、働き方が変わりそうです。」

問17 下線部⑰について、都道府県が主体となって運営されている組織や機関を表す地図記号として最もふさわしいものを、次のア～エから1つ選び、記号で答えなさい。

問18 下線部⑱について、国・都道府県・市区町村の連携のあり方を説明した文として最もふさわしくないものを、次のア～エから1つ選び、記号で答えなさい。

ア 感染症の流行により国が緊急事態宣言を発令する状況では、具体的な要請や指示は都道府県知事の権限で行うことが基本とされている。
イ 地方自治法では市区町村の上位にあたる行政組織は都道府県とされており、市区町村議会における予算の議決には知事の承認が必要となる。
ウ 災害が起きた際に市区町村が自衛隊の派遣を希望する場合には、都道府県知事を通して災害派遣要請をすることになっている。
エ 都道府県には市町村だけでは困難な広域的事業の実施や調整を行う役割があり、国定公園の管理も都道府県の仕事の1つである。

問19 下線部⑲について、次の(1)・(2)の各問いに答えなさい。

(1) 東京都の人口について説明した次のX～Zの文の正誤の組み合わせとして最もふさわしいものを、あとのア～クから1つ選び、記号で答えなさい。

X：東京都の市区町村はすべて、夜間の常住人口よりも昼間人口のほうが多くなっている。
Y：東京都は2020年6月、5月1日時点での推計人口が1400万人を突破したことを発表した。
Z：都心に位置する千代田区・中央区は高層マンションを建てにくいため、近年、人口が減少している。

	ア	イ	ウ	エ	オ	カ	キ	ク
X	正	正	正	正	誤	誤	誤	誤
Y	正	正	誤	誤	正	誤	正	誤
Z	正	誤	誤	正	正	正	誤	誤

(2) 東京都の2020年度の一般会計予算総額は7兆3540億円です。右の表を参考にして、この金額に最も近いものを、次のア～エから1つ選び、記号で答えなさい。

ア (あ)の金額の半分　　イ (あ)から(い)を引いた金額
ウ (う)の金額の半分　　エ (え)と(お)を足した金額

〈国の2020年度の一般会計歳出の内訳〉

(あ)	社会保障関係費	34.9%
(い)	国債費	22.7%
(う)	地方交付税交付金等	15.4%
(え)	公共事業関係費	6.7%
(お)	文教及び科学振興費	5.4%

(財務省の資料より)

問20　下線部⑳について、次の(1)～(4)の各問いに答えなさい。

(1) 2020年の東京オリンピックは延期になりましたが、過去には日本が開催権を返上して、その後、中止となった夏季大会がありました。このとき日本が開催権を返上することになった理由を、**15字以内**で答えなさい。

(2) (1)でオリンピックが中止となった年には、国内で予定されていた他の国際的行事も中止になっています。中止になったできごととしてふさわしいものを、次のア～オから**2つ**選び、記号で答えなさい。

ア　G7サミット　　イ　サッカーのワールドカップ　　ウ　アジア・アフリカ会議
エ　万国博覧会　　オ　札幌での冬季オリンピック

(3) 1964年に開催された東京オリンピックから、閉会式の入場のしかたに「ある変化」が見られるようになりました。右の写真を参考にして、「ある変化」の内容を「～～～から、～～～に変わった。」という文で答えなさい。

(4) 5つの輪を重ねたマークはオリンピックのシンボルマークとして知られていますが、このマークを考案した人物は次のことばを書き残しています。空らん（　　　）に当てはまると考えられる語句を答えなさい。

> 青、黄、黒、緑、赤の色は、地色の白を加えると、（　　　）のほとんどを描くことができるという理由で選んだ。

(日本オリンピック委員会HPより)

2 総務省に関する次の各問いに答えなさい。

問1 総務省は、アメリカで同時多発テロが起こった（　　　　）年に、国の中央省庁再編によって設置されました。（　　　　）に当てはまる年代を**算用数字**で答えなさい。

問2 私たちが安心して安全に暮らせるようにするために、「総務省●●庁」が大きな役割を果たしています。●●に当てはまる**漢字2字**を答えなさい。

問3 「ふるさと納税制度」について説明した次の**X〜Z**の文の正誤の組み合わせとして最もふさわしいものを、あとの**ア〜ク**から1つ選び、記号で答えなさい。

　　X：総務省は、返礼品の規制基準に従って、制度に参加する地方公共団体を指定することになっている。
　　Y：この制度で寄付をすると、ともに国税の一種である住民税と所得税が軽減される。
　　Z：2020年6月、最高裁判所は大阪府泉佐野市を制度から除外した総務省の決定を違法とする判決を下した。

	ア	イ	ウ	エ	オ	カ	キ	ク
X	正	正	正	正	誤	誤	誤	誤
Y	正	正	誤	誤	正	誤	正	誤
Z	正	誤	誤	正	正	正	誤	誤

問4 総務省は家計調査も行っていますが、国民の生活状況の変化に合わせて2020年に収支項目分類を改定し、支出金額が激減している「ある果物」を単独の項目から「他の柑きつ類」に統合しました。下の3つのヒントを参考にして、「ある果物」の名前を**カタカナ**で答えなさい。

〈ヒント1〉　柑きつ類では、みかん・オレンジが単独の項目として残っている。
〈ヒント2〉　酸っぱさ・苦さ・食べにくさなどから、嫌う人もいる。
〈ヒント3〉　近年は、南アフリカ共和国・アメリカ・イスラエルなどから輸入されている。

問5 2020年は、国内の人口・世帯・産業構造などを調査するための国勢調査が始まってから100周年にあたります。これについて、次の(1)〜(6)の各問いに答えなさい。

(1)　国勢調査は何年ごとに行われますか。解答らんに合うように**算用数字**で答えなさい。

(2)　第1回の国勢調査は、もともとは1905年に行われる予定でした。1905年の調査が中止された理由を、当時の日本が置かれた状況にふれながら**30字以内**で答えなさい。

(3) 1920年のできごとについて説明した文として最もふさわしいものを、次のア～エから1つ選び、記号で答えなさい。

ア　平塚らいてうが女性の地位向上をめざして、青鞜社を結成した。
イ　ベルサイユ条約が発効し、遼東（リャオトン）半島が日本の領土になった。
ウ　関東大震災が起こり、東京を中心に大きな被害が出た。
エ　国際連盟が発足し、日本は常任理事国の1つとなった。

(4) 公表された国勢調査の結果によって決めたり、見直したりする可能性があることとしてふさわしいものを、次のア～エから**すべて**選び、記号で答えなさい。

ア　地方交付税の配分
イ　衆議院議員総選挙の選挙区の区割り
ウ　都道府県や市区町村の境界線
エ　各地域の防災計画や企業の出店計画

(5) 2020年の国勢調査において、総務省は前回の調査から全国規模で導入された回答方法の利用を積極的に呼びかけています。その背景を、回答方法を明らかにしながら説明しなさい。

(6) かつて内閣総理大臣を務めた大隈重信は、明治時代に「統計院」の設置を申し立て、この機関の初代院長になりました。彼は、「統計院」設置の建議書の冒頭で以下のように述べています。このことばの意味と意図を、自分なりに考えて説明しなさい。

> 現在の国勢を詳明せざれば、政府すなわち施政の便を失う。過去施政の結果を鑑照せざれば、政府その政策の利弊を知るに由なし。

（総務省統計局HP「統計の偉人たち」より）

問6 みなさんは今後成長していく中で、SNS（ソーシャル・ネットワーキング・サービス）を利用することがさらに多くなるでしょう。総務省は2020年7月、法務省などと共同で右のスローガンを掲げたサイトを開設しました。このサイトが開設された背景を、SNSやインターネットの特徴を明らかにしながら説明しなさい。ただし、「人権」という語句を必ず使うこと。

（総務省HPより）

予想問題 国際

解答は155ページにあります。

1 2020年、アメリカ大統領選挙が行われています。

現職の（ あ ）党のドナルド・トランプ大統領と、（ い ）党のジョー・バイデン氏との事実上の一騎打ちとなり、アメリカ国民の選択に世界からの注目が集まりました。近年のアメリカは、下の表のように（ あ ）党と（ い ）党の二大政党が政権を担当しています。

代	政党	名前	初めて就任した年
41	（ あ ）党	ジョージ・H・W・ブッシュ	1989年
42	（ い ）党	ビル・クリントン	（ W ）年
43	（ あ ）党	ジョージ・W・ブッシュ	（ X ）年
44	（ い ）党	バラク・オバマ	（ Y ）年
45	（ あ ）党	ドナルド・トランプ	（ Z ）年

問1　（ あ ）と（ い ）に入る政党名をそれぞれ**漢字**で答えなさい。

問2　（ W ）～（ Z ）に当てはまる数字の組み合わせとして正しいものを、次の**ア～エ**から1つ選び、記号で答えなさい。

	（ W ）	（ X ）	（ Y ）	（ Z ）
ア	1991	1996	2006	2016
イ	2000	2005	2010	2015
ウ	1993	2001	2009	2017
エ	1994	2004	2009	2014

問3　第41代大統領と、第43代大統領は親子です。日本でも親子で内閣総理大臣を務めた人物がいます。その親子それぞれの人名を、解答らんに合うように**漢字**で答えなさい。

問4　次のA～Dの期間にアメリカ大統領だったことがある人物を、あとの**ア～エ**からそれぞれ1つずつ選び、記号で答えなさい。

A　二・二六事件～真珠湾攻撃
B　対華二十一箇条の要求～米騒動
C　生麦事件～四国艦隊下関砲撃事件
D　日英同盟締結～南満州鉄道株式会社設立

ア　エイブラハム・リンカーン
イ　ウッドロウ・ウィルソン
ウ　セオドア・ルーズベルト
エ　フランクリン・ルーズベルト

トランプ大統領は、就任してからそれまでの大統領の政策をくつがえしてきました。

【 メキシコからの移民制限 】

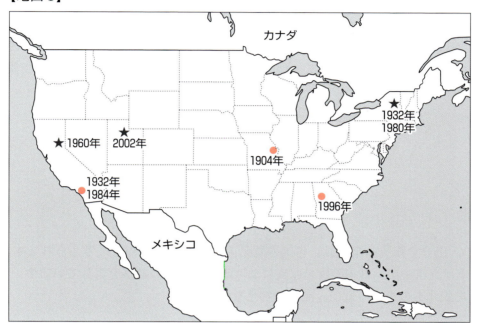

問5 メキシコと接しているアメリカの州として正しいものを、【地図1】を参考にして、次のア〜エから1つ選び、記号で答えなさい。

　ア　ニューヨーク州　　イ　カリフォルニア州　　ウ　ミシシッピ州　　エ　ワシントン州

問6 【地図1】にはないアメリカの州があと2つあります。その州の名前を解答らんに合うようにカタカナで答えなさい。

問7 【地図1】にある●・★で示された都市の共通点を答えなさい。ただし、●・★が区別されている理由に必ずふれること。

【 気候変動に関する（　う　）協定からの離脱／環太平洋パートナーシップ協定（TPP）からの離脱 】

問8 （　う　）には都市名が当てはまります。その都市について説明した次の3つの文のうち、内容が正しいものはいくつありますか。0〜3の算用数字で答えなさい。

・　第一次世界大戦の講和会議が行われた。
・　日本の最北端よりも北に位置している。
・　市内に本初子午線が通っている。

問9 TPPについて、次の(1)〜(3)の各問いに答えなさい。

(1) 参加国の中で、面積が最も小さいのはシンガポールです。次のア〜エの日本の島のうち、シンガポールの面積に最も近いものを1つ選び、記号で答えなさい。

ア 奄美大島　　イ 佐渡島　　ウ 沖縄島　　エ 択捉島

(2) TPPの交渉段階では関税が争点の1つになりました。日本のおもな国税の額（2019年度当初予算）を示した次の表の（ ア ）〜（ エ ）から関税に当たるものを1つ選び、記号で答えなさい。

直接税	億円	間接税等	億円
所得税	199340	（ ウ ）	193920
（ ア ）	128580	揮発油税	23030
（ イ ）	22320	（ エ ）	10340

（「日本国勢図会 2020/21 年版」より）

(3) アメリカがTPPを離脱したのは、自国の貿易の利益を守るためだと考えられます。次のグラフはアメリカ、ドイツ、中国、日本の貿易収支における入出超額の推移を表しています。グラフ中のア〜エから日本を表すものを1つ選び、記号で答えなさい。

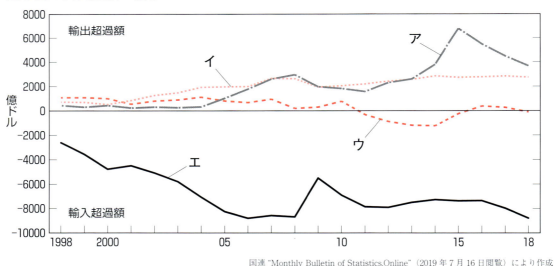

主な国の入出超額の推移

国連 "Monthly Bulletin of Statistics,Online"（2019年7月16日閲覧）により作成

【 イスラエルの首都は（ え ）と認める／イスラエルとともに国連教育科学文化機関（ユネスコ）を脱退 】

問10 （ え ）に当てはまる都市をカタカナで答えなさい。

問11 【地図2】は、イスラエル全土がおさまるように、赤道から5度ごとの緯線を引いたものです。この2本の緯線は日本付近ではどこを通っているか、解答用紙の地図上にかきなさい。

【地図2】

問12 アメリカは1984年にもユネスコを一時脱退しています。当時の脱退理由もアメリカの外交政策と深く関係しています。今回の脱退理由も参考にして、次の文の（　）に当てはまる語句を答えなさい。

・今回の脱退理由：ユネスコがイスラエルと対立するパレスチナ寄りであるという理由。
・1984年の脱退理由：ユネスコが（　　）の利益を擁護しているという理由。

【　世界保健機関（WHO）からの脱退を通告　】

問13 アメリカは、新型コロナウイルス感染症に対するWHOの初期対応に問題があったとして脱退を通告しました。右のグラフは、アメリカ国民が1万人以上亡くなったできごとを示していますが、アメリカ国内の新型コロナウイルス感染症による死者が【できごとⅠ】の死者を超えたことは、国民に大きな衝撃を与えました。これについて、次の(1)・(2)の各問いに答えなさい。

(1) 【できごとⅠ】の名称を答えなさい。

(2) 【できごとⅡ】の死者が著しく多いのはなぜですか。【できごとⅡ】の名称を明らかにして説明しなさい。

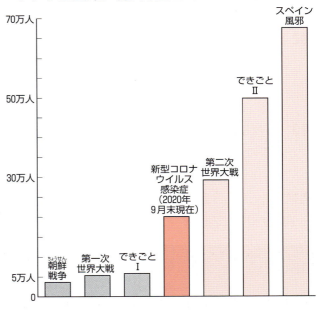

アメリカ国民が1万人以上亡くなったできごと

2 2020年のできごとに関連する旗について、あとの問いに答えなさい。

2020年2月1日午前0時
ブリュッセルのユストゥス・リプシウス
庁舎から撤去される国旗

問1　左の写真について、次の(1)〜(3)の各問いに答えなさい。

(1) なぜ、ブリュッセルのユストゥス・リプシウス庁舎からこの国旗が撤去されたのですか。簡単に説明しなさい。

(2) この国旗が撤去されたことで、ブリュッセルのユストゥス・リプシウス庁舎には何か国の国旗がかかげられることになったか、解答らんに合うように算用数字で答えなさい。

(3) この国旗は「ユニオン・ジャック」とも呼ばれます。次のa・bの別名や愛称がある国旗に当てはまる国名をそれぞれ答えなさい。

　　a　メイプルリーフ（かえでの葉）　　　b　スターズ・アンド・ストライプス（星としま）

王立造幣局が発行した
50ペンス記念硬貨

　左の写真は、上の写真のできごとと関係の深い記念硬貨を示しています。もともと2019年10月31日の日付が刻印されたものがつくられていましたが、すべて溶かされ、2020年1月31日の日付を刻印したものが新たに発行されました。

問2　各国の通貨単位を示した次の（　あ　）・（　い　）に当てはまる語句を、それぞれカタカナで答えなさい。

　　　イギリス：100ペンス＝1（　あ　）　　　アメリカ：100（　い　）＝1ドル

問3　下線部について、2020年2月1日のできごとを記念する硬貨の日付が、なぜ2020年1月31日になっているのか、簡単に説明しなさい。

再統一（　①　）周年を
迎えたドイツ国旗

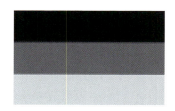

2020年10月、ドイツ再統一（　①　）周年を迎えました。右の写真は、再統一当時、（　②　）門に集まり歓喜する人々の様子です。ドイツでは、「ドイツ統一」とは③1871年にヴィルヘルム1世を皇帝とする国家が成立したことを指し、東西ドイツの統一は、「ドイツ再統一」と表現します。

問4 (①)に当てはまる数字を考え、ドイツが再統一された年に関連したことを説明した次の文中の(あ)・(い)に当てはまる語句をそれぞれ**カタカナ**で答えなさい。

> この年は、冷戦の終結に尽力したソ連の(あ)大統領にノーベル平和賞が授与されました。他のノーベル賞の授賞式がスウェーデンの首都で行われるのに対して、平和賞の授賞式は(い)の首都で行われます。

問5 (②)に当てはまる語句として正しいものを、次のア～エから1つ選び、記号で答えなさい。

ア　ブランデンブルク　　イ　エトワール凱旋　　ウ　アグノウ　　エ　コンスタンティヌス凱旋

問6 下線部③について、このころのドイツについて述べた次のⅠ・Ⅱの文の正誤の組み合わせとして正しいものを、あとのア～エから1つ選び、記号で答えなさい。

Ⅰ　世界で初めて社会権を規定した憲法が施行されており、大日本帝国憲法制定の際に手本とされた。
Ⅱ　明治政府は、日本列島の地質調査のため、ドイツからナウマンを招いた。

ア　Ⅰ：正　Ⅱ：正　　イ　Ⅰ：正　Ⅱ：誤
ウ　Ⅰ：誤　Ⅱ：正　　エ　Ⅰ：誤　Ⅱ：誤

国家安全維持法が施行された香港の旗

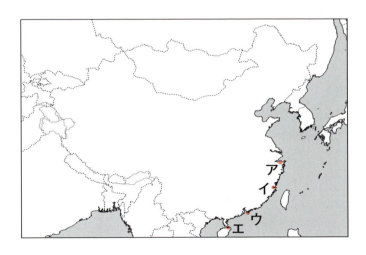

問7 香港の位置を、右上の地図中のア～エから1つ選び、記号で答えなさい。

問8 国家安全維持法の施行により、香港に適用されてきた一国二制度が揺らぐおそれがあります。これはどういうことか、下の文章を参考に、簡単に説明しなさい。

> 1997年にイギリスから返還された香港に対し、中国は外交・防衛を除く分野で高度の自治を50年間維持すると約束した。香港は特別行政区として独自の行政権、立法権、司法権を有し、中国本土では制約のある言論・集会の自由や、通貨やパスポートの発行権も従来通り認められるとした。

予想問題 その他の社会

解答用紙と解説はサピックス小学部HPにあるよ！
解答は156ページにあります。

★ 次のⅠ・Ⅱの文章を読んで、あとの問いに答えなさい。

Ⅰ　日本の歴史を振り返ってみると、明治時代以降だけでも幾度となく感染症の流行に見舞われたことがわかります。

流行した感染症	時代	関連すること
コレラ	おもに明治時代（①数回の流行）	数日で死に至ることもあり、「コロリ」などと呼ばれた。②コレラ菌に汚染された水や食物などを口にすることで感染する。
ペスト	明治時代	14世紀のヨーロッパでは「黒死病」と呼ばれるほど猛威を振るったが、（　③　）らはペスト菌の発見に成功した。④おもに動物についたノミから感染する。
⑤スペイン風邪	⑥大正時代	新型のインフルエンザで、第1波から第3波までの流行がみられ、当時の国民の約40％が感染し、約40万人が犠牲になった。

　今回の新型コロナウイルス感染症の流行は、私たちの生活を大きく変えました。⑦マスクは手放せないものになりましたし、当たり前に感じていた⑧日常的な活動は、当たり前のことではなくなりました。⑨イベントや観光など、人々の楽しみも奪われたといえるでしょう。⑩地方自治体などから注意が呼びかけられましたが、一方で⑪社会の混乱や、「コロナ差別」「自粛警察」などと呼ばれる、ゆがんだ風潮もみられました。

　感染症が、いつまでも終息しないということはありません。ただ、今はまだ警戒をゆるめられない状況です。みなさんも、長期にわたる⑫小学校の休校など、たいへんな経験をしました。さまざまな情報から社会を考え、疑問を持ち、そこから自分の意見を持つ機会でもあるととらえてみてはどうでしょうか。

問1　下線部①について、次のグラフは明治時代のコレラの患者数と死亡者数を示しています。これに関するあとの(1)・(2)の各問いに答えなさい。

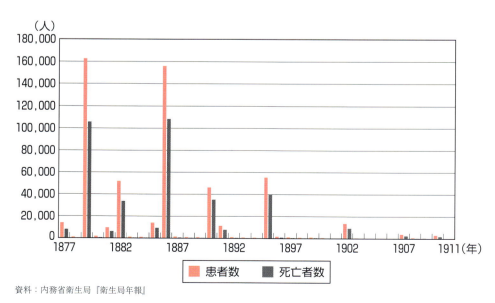

資料：内務省衛生局『衛生局年報』

（厚生労働白書より）

116

(1) 患者数が特に多い2つの年の間隔は、次のア～エに挙げた2つのできごとの始まった年どうしの間隔のどれとほぼ同じになるか、最もふさわしいものを1つ選び、記号で答えなさい。

　ア　前九年合戦と後三年合戦　　　イ　保元の乱と平治の乱
　ウ　文永の役と弘安の役　　　　　エ　文禄の役と慶長の役

(2) グラフから読み取れることや考えられることを説明した次のX・Yの文の正誤の組み合わせとして最もふさわしいものを、あとのア～エから1つ選び、記号で答えなさい。

　X　1万人以上の患者が発生した流行は、すべて明治10年代に集中しており、明治30年代にはみられなくなっている。
　Y　西南戦争や日清戦争の時期にはいずれもコレラが流行していることから、兵士の移動と感染の拡大は関連があったと考えられる。

　ア　X：正　Y：正　　　イ　X：正　Y：誤
　ウ　X：誤　Y：正　　　エ　X：誤　Y：誤

問2　下線部②について、次の(1)・(2)の各問いに答えなさい。

(1) コレラは外国から持ちこまれたため、明治政府は流行地から来る船を一定期間港に停泊させ、検疫する規則を1882年につくります。しかし、この規則には、従わない船への罰則規定がありませんでした。その理由を説明しなさい。

(2) コレラは一方で、「衛生の母」とも呼ばれました。それはなぜですか。

問3　文中の（　③　）について、次の図中のア～ウは、いずれも2024年から発行される新紙幣の肖像に採用される人物が生きていた期間を示しています。このうち、（　③　）の人物にあたるものを1つ選び、記号で答えなさい。また、その人物の氏名を**漢字**で書きなさい。

※ ⟷ はその人物が人生で最も長く海外に渡航していた期間と、おもな渡航先を示します。

問4 下線部④について、ペストが流行したとき、当時の東京市はペストを媒介する「ある動物」を市民から買い上げるという対策をとりました。次の文を参考にして、その動物の名前を**ひらがな**で書きなさい。

> ・当時の物価では、そば1杯が2銭しなかったが、この動物は1匹5銭で買い上げられ、多くの市民が協力した。
> ・買い上げが始まった1900年の十二支は、この動物と同じだった。

問5 下線部⑤について、次のア〜エは、スペインに関連することや日本との関わりを説明した文です。正しいものを**すべて**選び、記号で答えなさい。

　ア　この国の伝統料理の1つに、米と魚介類などを炊きこんだ「パエリア」がある。
　イ　この国の言語を話す人々は、北アメリカ大陸や南アメリカ大陸にも多い。
　ウ　16世紀、この国の人々はポルトガル人よりも前に日本に来航している。
　エ　17世紀、遣欧使節の支倉常長はアフリカ大陸南端を経由してこの国を訪れた。

問6 下線部⑥について、次のア〜エは大正時代に内閣総理大臣を務めた人物です。**大正時代に就任した順**に記号を並べ替えなさい。

　ア　大隈重信　　イ　加藤高明　　ウ　桂太郎　　エ　原敬

問7 下線部⑦について、右のイラストは、一般的な家庭用マスクです。これを見て、次の(1)・(2)の各問いに答えなさい。

(1) 国内で初めて新型コロナウイルス感染症の流行がみられた時期のマスクの需要と供給、および価格の変化を示したグラフとして最もふさわしいものを、次のア〜エから1つ選び、記号で答えなさい。グラフの2本の実線は、一方が需要を、もう一方が供給を表し、交わる点（•）は価格を表します。また、矢印は時間の経過を、点線は時間が経過した後の需要または供給を、それぞれ表します。

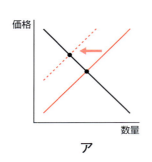
ア

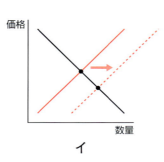
イ

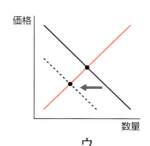
ウ

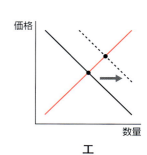
エ

(2) マスクを着けることが、なぜ新型コロナウイルス感染症の拡大を防ぐことになるのでしょうか。次の資料を参考にして、家庭用マスクの長所もふまえながら説明しなさい。

一人ひとりの基本的感染対策（抜粋）
・外出時や屋内でも会話をするとき、人との間隔が十分とれない場合は、症状がなくてもマスクを着用する。

(厚生労働省HP「新しい生活様式」の実践例より)

問8 下線部⑧について、外出の自粛が呼びかけられたことにより、日常的な活動の多くは、これまで通りに行うことが難しくなりました。これについて、次の(1)・(2)の各問いに答えなさい。

(1) インターネットを通してさまざまなことを行う動きもみられました。次のそれぞれの語句の前に、共通してつけられることがあるカタカナ5字を答えなさい。

診察　　帰省　　飲み会　　会議　　ショッピング　　授業

(2) 食事については、「中食」という形態も増えました。右のイラストを参考にして、その意味を説明しなさい。

問9 下線部⑨について、2020年に予定されていた東京オリンピック・パラリンピック競技大会は延期となりましたが、「TOKYO2020」という大会名称に変更はありません。その利点として考えられることを説明しなさい。

問10 下線部⑩について、新型コロナウイルス感染症に対する独自の指標を設け、まちのシンボルである建造物をライトアップした都道府県もあります。次の写真A・Bを見て、あとの(1)・(2)の各問いに答えなさい。

A　　　　　　　　　　　B

⑴　写真 **A・B** は、どの都道府県にある建造物ですか。人口が上位 5 位までの都道府県の人口増減率と昼夜間人口比率を示した右の表中の**ア～オ**から、当てはまるものを 1 つずつ選び、それぞれ記号で答えなさい。

	人口増減率 （%、2017～18 年）	昼夜間人口比率 （2015 年）
ア	0.16	101.4
イ	0.20	91.2
ウ	0.28	88.9
エ	− 0.12	104.4
オ	0.72	117.8

（「データでみる県勢 2020」より）

⑵　写真 **A・B** の建造物は、住民への警戒を呼びかける際は「赤」などにライトアップされましたが、それとは別の意味で、「青」にもライトアップされました。これはどのようなことを表現するためか、解答らんに合うように **15 字以内**で書きなさい。

問11　下線部⑪について、国内で新型コロナウイルス感染症の患者数が増え始めたころ、一部でトイレットペーパーの買い占め騒動がみられました。第一次石油危機のころの騒動と今回の騒動を比較した次の資料を見て、あとの⑴・⑵の各問いに答えなさい。

	拡散したおもなデマ	マスコミが報道した写真・映像	騒動の期間
第一次 石油危機	紙がなくなるらしいよ　えっ、ホント？		1973 年 11 月 ～ 1974 年 3 月ごろ
今回	「マスクの材料に紙が必要だから、不足するらしい」 「中国からの原材料の輸入が途絶えるらしい」		2020 年 2 月下旬 ～ 3 月上旬

⑴　今回の騒動では、第一次石油危機のときよりもデマが広く、はやく伝わったと考えられます。その理由を、イラストを参考にして簡単に説明しなさい。

⑵　買い占めの動きを抑えるために、マスコミはどのような報道をすべきだったと思いますか。2 つの騒動におけるマスコミの報道の問題点を考え、具体的な報道の例を挙げながら、あなたの意見を書きなさい。

問12　下線部⑫について、次の(1)・(2)の各問いに答えなさい。

(1) 休校による学習の遅れへの不安などから、「○月入学」の導入の是非が議論されました。「○月」にあたる月を説明した次のX・Yの文の正誤の組み合わせとして最もふさわしいものを、あとのア〜エから1つ選び、記号で答えなさい。

X 「西向く士」（にしむくさむらい）という言葉で覚える、6つの月の1つに含まれる。
Y 祝日は2日あるが、どちらもハッピーマンデー制度によって特定の月曜日に固定される。

ア　X：正　Y：正　　イ　X：正　Y：誤
ウ　X：誤　Y：正　　エ　X：誤　Y：誤

(2) 2020年から、全国の小学校の3年生以降は英語が必修となりました。みなさんが学習した単語のなかには、近年、使い方が変化しつつあるものもあります。「ある単語」に関する次の資料を参考にして、あとの【アルファベット群】から必要な文字を選んで組み合わせ、その単語を書きなさい。

以前　この単語は、複数の人を指す代名詞です。

近年　この単語は、1人を指す場合にも使えます。
　　　この単語を使えば、性別を特定する必要がなく、多様性を尊重する社会にふさわしいという意見もあります。

【アルファベット群】

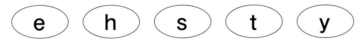

Ⅱ　日本における、持続可能な社会を実現するための取り組みについてみていきましょう。現在の人々と同じように、将来の世代の人々にも豊かに暮らしたいという欲求はあるはずです。そのためには、豊かさを追求しながらも地球環境や自然環境を守っていく必要があります。

　近年、海洋プラスチックごみの問題が世界的に注目され、各国が対策をせまられるなか、日本でも2020年7月からすべての小売業で①レジ袋の有料化が義務づけられました。「私たちのライフスタイルを見直すきっかけとする」（経済産業省）ことを目的としています。日本は、1人あたりのプラスチックごみの排出量が世界で2位ともいわれていますが、使い捨ての意識が変わる第一歩になるかもしれません。

　また、日本では第一次産業の衰えが問題になっています。②農業や水産業は食料を、③林業は住宅資材などを供給する、私たちの生活にとって不可欠な産業ですが、国内生産は減少する傾向にあり、④人手不足や高齢化も問題となっています。新しい取り組みを加えながら、こうした産業を次世代に伝えていくことも、持続可能な社会を築くために必要なことだといえるでしょう。

問1 下線部①について、次の(1)〜(3)の各問いに答えなさい。

(1) 以前のレジ袋には店のロゴマークなどが印刷されたものが多くあり、これは購入者が持ち歩くことによる宣伝効果もありました。みなさんの身の回りにあり、そのような目的で配布されることがあるものを1つ挙げなさい。

(2) 右のイラストのようなレジ袋が有料化の対象外とされたことに、反対意見もあります。その理由はどのようなものか、121ページのⅡの文章も参考にして説明しなさい。

(3) 日本で1年間に排出される約900万トンのプラスチックごみのうち、レジ袋が占める量に最も近いものを1つ選び、記号で答えなさい。

ア　20万トン　　　イ　130万トン
ウ　280万トン　　　エ　400万トン

このレジ袋は、植物由来の原料を25％以上配合しています。

問2 下線部②について、次の(1)〜(3)の各問いに答えなさい。

(1) 次のA〜Cは、農業産出額(2018年)が上位3位までの都道府県です。その属する地方の農業産出額の内訳としてふさわしいものを、右のア〜エのグラフから1つずつ選び、それぞれ記号で答えなさい。

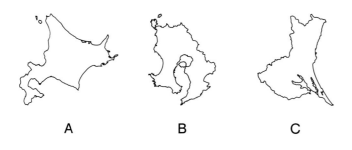

A　　　　B　　　　C

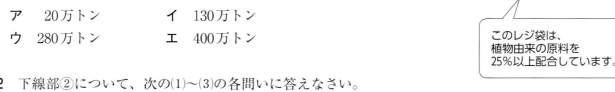

（「日本国勢図会2020/21年版」より）

(2) 農業分野において、右の写真のような小型無人機の導入が進んでいます。その理由を、小型無人機が可能にする作業の内容をふまえて説明しなさい。

(3) 農作物に被害を及ぼす野生鳥獣を捕えて、「ジビエ」と呼ばれる食材として利用する取り組みが行われています。次のグラフ中のX・Yに当てはまる動物を、【ヒント】を参考にして、それぞれ漢字1字で答えなさい。

野生鳥獣による農作物被害金額の内訳

【ヒント】

Xの肉を使った鍋料理を「もみじ鍋」ともいいます。
Yの肉を使った鍋料理を「ぼたん鍋」ともいいます。

問3 下線部③について、次の(1)～(3)の各問いに答えなさい。

(1) 天然の三大美林と人工の三大美林を、次のようなグループに分けました。1つのグループになっている生産県どうしは、地図上でどのような関係にあることがわかるか、15字以内で答えなさい。

津軽ひば　秋田すぎ　　　木曽ひのき　天竜すぎ　　　吉野すぎ　尾鷲ひのき

(2) 木材チップを燃料とする「木質バイオマス発電」が注目されています。この発電の普及が、林業の活性化につながる理由を説明しなさい。

(3) (2)の発電では、木が成長するときに光合成をしてきたことから、木材チップを燃やしても、二酸化炭素の排出量は「プラスマイナスゼロ」とみなされます。この考え方をカタカナで答えなさい。

問4 下線部④について、第一次産業に限らず、現在の日本は多くの外国人労働者を受け入れており、その数は約166万人（2019年10月末）となっています。次に示しているのは、日本における「ある国」出身の労働者数の変化です。この国はどこか、あとのア～エから1つ選び、記号で答えなさい。

19942人（2010年10月末） ⇒ 401326人（2019年10月末）

（厚生労働省「外国人雇用状況」の届出状況まとめより）

ア　ブラジル　　　イ　中華人民共和国　　　ウ　ベトナム　　　エ　大韓民国

予想問題 理科

解答は157ページにあります。

1 次のA～Eの文は、2020年の7月から9月までに起きた、おもな気象に関するできごとについて述べたものです。これを読んで、あとの問いに答えなさい。

A　静岡県浜松市で、国内の観測史上1位タイとなる最高気温を記録した。
B　台風3号が発生したが、日本へは接近しないまま、発生後30時間ほどで消滅した。
C　熊本県を中心に記録的な大雨が降り、球磨川では氾濫が起こった。また、熊本県と鹿児島県では最大級の警戒が呼びかけられた。
D　梅雨前線上で発達した低気圧に向かって太平洋高気圧から暖かく湿った空気が流れこんだため、前線の活動が活発になった。山形県では24時間に200mmを超える大雨となり、最上川が氾濫した。
E　一時は伊勢湾台風並みに発達すると予想された台風が、予想よりも発達することなく、九州の西側を北上していった。

問1　A～Eのできごとを、起きた順に並べ替えなさい。

問2　2020年も日本各地で大雨による被害が発生しました。大雨をもたらす原因の1つとして、台風のときなどに発達する積乱雲があります。これについて、次の(1)～(3)の各問いに答えなさい。

(1)　下の文章は、暖かく湿った空気が積乱雲を発達させるしくみについて説明したものです。文章中の空らん ① ～ ④ に当てはまる語句をあとのア～カからそれぞれ1つ選び、記号で答えなさい。

　　周囲と比べて暖かい空気は密度が ① いため、 ② 気流となる。 ② した空気が冷やされると飽和水蒸気量が ③ なるため露点に達し、含まれていた水蒸気が水滴となる。水蒸気の多い湿った空気は、熱エネルギーを ④ 持っているため、積乱雲が発達しやすくなる。

ア　大き　　イ　小さ　　ウ　上昇　　エ　下降　　オ　多く　　カ　少なく

(2)　短時間に局地的な大雨を降らせる積乱雲は「大気の状態が不安定」なときに発達しやすくなります。
　①　「大気の状態が不安定」とはどのような状態ですか。正しいものを次のア～エから1つ選び、記号で答えなさい。
　　ア　地表付近にも上空にも暖かく湿った空気がある状態。
　　イ　地表付近には暖かく湿った空気があり、上空には冷たい空気がある状態。
　　ウ　地表付近には冷たい空気があり、上空には暖かく湿った空気がある状態。
　　エ　地表付近にも上空にも冷たい空気がある状態。

　②　「大気の状態が不安定」なときに積乱雲が発達しやすくなる理由を、**50字以内**で説明しなさい。

(3)　数年に一度程度しか発生しないような短時間の大雨を観測したり解析したりしたときに、大雨を観測した観測点名や市町村などを明記して、各地の気象台が発表する情報を何といいますか。**漢字10字**で答えなさい。

問3　Aの最高気温が記録された日は2階建ての高気圧におおわれて晴れており、さらに日本海側からの暖かい空気が山地を越えて流れこんだため気温が上昇しました。このように、山を越えた空気の温度が上昇する現象を何といいますか。

問4　右の図は月別の台風の典型的な進路です。Bの台風が発生した月の進路を表しているものを図中のア～オから1つ選び、記号で答えなさい。

問5　Cの文中で、この大雨に対して気象庁が熊本・鹿児島の2県に発令した下線部の「最大級の警戒」を何といいますか。漢字6字で答えなさい。

問6　Cの豪雨の原因は、次々と発生する発達した積乱雲が列をつくることにより、数時間にわたってほぼ同じ場所に強い雨を降らせたことです。このような、細長くのびる長さ50～300km程度、幅20～50km程度の強い降水をともなう雨域を何といいますか。漢字5字で答えなさい。

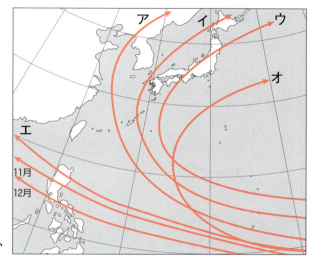

問7　右の図は、Eの台風の進路予想図です。これについて、次の(1)～(4)の各問いに答えなさい。

(1) 図のXとYについて説明した下の文章中の空らん ① ～ ④ に当てはまる語句や数値をそれぞれ答えなさい。

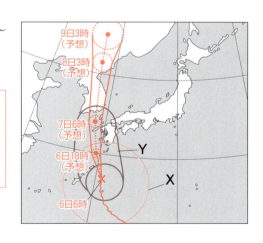

　円Xは ① 域で、秒速 ② m以上の風が吹いている範囲を示している。また、Yの領域は ③ 域といい、今後台風が予報円で示された進路を進んだときに秒速 ④ m以上の風が吹くおそれのある範囲を示している。

(2) 一般に、台風の進行方向の右側では風が強くなる傾向があります。その理由を簡単に説明しなさい。

(3) 台風が日本に上陸すると、勢力が一時的におとろえると考えられます。台風が上陸すると勢力がおとろえる理由を簡単に説明しなさい。

(4) 台風は被害をもたらすだけでなく、私たちの生活に役立つこともあります。どのような点で役立つことがあるのかを簡単に説明しなさい。

2 2020年の天体に関することがらについて、あとの問いに答えなさい。ただし、図の大きさや距離の関係などは正確ではありません。

Ⅰ 地球から天体を観測していると、手前にある天体が後方にある天体を隠す現象が起こることがあります。また、ある天体がつくる影の中に、別の天体が入ることがあります。このような現象を「食」といいます。

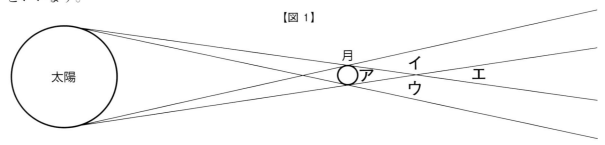

【図1】

問1 2020年6月21日には日食が起こりました。日本国内で観測できたのは部分日食でした。これについて、次の(1)・(2)の各問いに答えなさい。

(1) 部分日食が観察できる範囲を【図1】のア〜エからすべて選び、記号で答えなさい。

(2) 日本で部分日食が観測された日に、アフリカからアジアにかけては、日本とは異なる日食が観察された地域がありました。その日食の名称を答えなさい。また、その日食が観察できる範囲を【図1】のア〜エから1つ選び、記号で答えなさい。

問2 太陽・地球・月が一直線上に並ぶ新月や満月の日に、毎回必ず日食や月食が起こるわけではありません。その理由として正しいものを次のア〜エから1つ選び、記号で答えなさい。

ア 月の公転周期と満ち欠けの周期が異なっているから。
イ 月の公転面と地球の公転面には傾きがあるから。
ウ 月の公転軌道より地球の公転軌道の方が円に近いから。
エ 地球が地軸を傾けたまま公転しているから。

問3 いろいろな日食や月食を観察した記録のうち、日食に関するものを次のア〜オからすべて選び、記号で答えなさい。

ア 欠け始めは西側から欠けていった。
イ 欠けている部分の輪郭が少しぼやけていた。
ウ 欠けた状態のまま地平線の下に沈んでいった。
エ 完全に欠けたとき中心が黒く、周囲が白く輝いて見える。
オ 完全に欠けたとき、欠けている部分が赤銅色に見える。

Ⅱ　2020年には、地球に近い天体である火星や小惑星に関する話題がありました。

問4　2020年7月には、火星探査機が3機打ち上げられました。これについて、次の(1)～(3)の各問いに答えなさい。

(1)　地球の公転周期を1年、火星の公転周期を1.8年とします。火星が1年間に太陽のまわりを公転する角度はどのくらいですか。**整数**で答えなさい。

(2)　(1)のとき、地球と火星が最も近づいてから、次に最も近づくまでに何か月かかりますか。**整数**で答えなさい。

(3)　2020年10月6日に地球と火星が最接近しました。(2)から、3機の火星探査機を打ち上げた直前の、2020年7月上旬における火星のおよその位置関係を、【図2】の1～10から1つ選び、記号で答えなさい。ただし、図は北極側から見たものです。

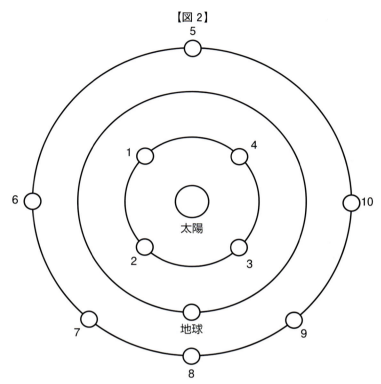

問5　2018年6月に目的の小惑星に到着して、2019年11月まで探査を行った日本の小惑星探査機が、2020年12月に地球に帰還します。これについて、次の(1)～(3)の各問いに答えなさい。

(1)　この日本の小惑星探査機の愛称を答えなさい。

(2)　今回、探査をした小惑星の名前を**カタカナ**で答えなさい。

(3)　今回の探査で**行わなかった**ことを次のア～エから1つ選び、記号で答えなさい。

ア　小惑星の写真を撮影する。
イ　小惑星の表面に着陸する。
ウ　小惑星の表面にある液体の水を採取する。
エ　小惑星の表面に人工クレーターを生成する。

問6　太陽系の中には、多数の小惑星の軌道が集中している小惑星帯と呼ばれる領域が、2つの惑星の公転軌道の間にあります。この2つの惑星を、太陽に近い順に答えなさい。

3 2020年は、新型のウイルスによる感染症が世界的に大流行しました。2019年12月に中国の湖北省武漢市で初の感染者が確認され、2020年に入ってからは、感染者数が急速に増えていきました。2020年9月には全世界での死者が100万人を超えました。

問1 病原体であるウイルスについて、次の(1)～(3)の各問いに答えなさい。

(1) ウイルスの特徴として正しいものを次のア～エから1つ選び、記号で答えなさい。

ア ウイルスは小さいため肉眼で観察することはできないが、光学顕微鏡を使えば観察することができる。
イ ウイルスはとても小さいため光学顕微鏡でも観察することができないが、電子顕微鏡を使えば観察することができる。
ウ ウイルスにはオスとメスの区別があり、受精したメスのウイルスがヒトの細胞内に入りこみ、卵を産みつけて増殖する。
エ ウイルスはヒトの細胞内に入りこみ、そこで養分を吸収すると自ら分裂を繰り返しながら増殖していく。

(2) ウイルスはいくつかの種類に分類されます。2020年に大流行した感染症の原因であるウイルスの種類を次のア～エから1つ選び、記号で答えなさい。

ア アデノウイルス　　イ コロナウイルス　　ウ ノロウイルス　　エ エボラウイルス

(3) 2020年に大流行した感染症の原因であるウイルスの写真を次のア～エから1つ選び、記号で答えなさい。

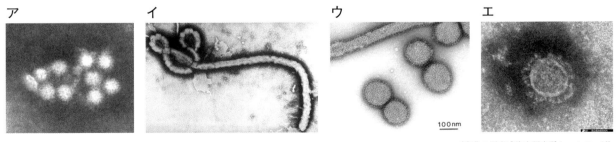

（出典：国立感染症研究所ホームページ）

問2 アルファベットと数字で表した、2020年に大流行した感染症の名称を次のア～エから1つ選び、記号で答えなさい。

ア COVID-19　　イ O-157　　ウ H9N7　　エ HTV-9

問3 ウイルスに感染したかどうかを知るためには検査が必要です。ウイルスが持つ特定の遺伝子を増やして検査する方法を次のア～エから1つ選び、記号で答えなさい。

　　ア　BTB法　　　　イ　BCG法　　　　ウ　ICT法　　　　エ　PCR法

問4 新型ウイルスの感染拡大を防ぐには、個人で行う対策以外にも、集団での感染（　　　　）の発生を防止することが大切です。

(1) 個人で行うことができる感染防止の対策として誤っているものを次のア～エから1つ選び、記号で答えなさい。

　　ア　公共の場ではマスクを着用する。
　　イ　1時間に1回程度は深呼吸をする。
　　ウ　こまめに石けんで手洗いをする。
　　エ　大声でしゃべらないようにする。

(2) 　　　　に当てはまる語句をカタカナで答えなさい。

(3) 集団での感染が発生する危険性が高くなるのは、いわゆる「3密」の状態になったときといわれています。「3密」といわれる3つの状態を、すべて漢字で答えなさい。

> ヒトには、ウイルスのような異物が体内に侵入したときに、それを排除しようとする免疫というしくみがあります。免疫は、ウイルスなどの異物（抗原という）に対して攻撃する手段となる抗体というものをつくり、抗原に対抗します。抗体は、異なる種類の抗原に対してそれぞれつくられ、体内に記憶されているため、次に同じ抗原が侵入したときにはすぐに抗体がつくられて攻撃を開始します。

問5 感染症を引き起こす抗原が侵入したときに備えて、あらかじめ体内に抗体をつくらせるために接種する薬剤を何といいますか。

> ウイルスが増殖するときには、自分自身を複製する必要があります。そのときに、自分の設計図となる情報も複製されます。ヒトが細胞分裂をして細胞を増やすときも同様です。右の図は、ヒトの設計図となる情報が収められている、二重らせんの構造を持つ鎖です。

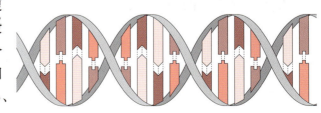

問6 図のような二重らせん構造を持つ鎖を何といいますか。アルファベット3字で答えなさい。

2020年に日本各地で起きたおもなできごと
時事ニュース マップ

日本編

川内原発の1号機（3月）と2号機（5月）が、テロ対策工事の遅れで停止

岐阜県飛騨市の旧神岡鉱山の地下で「KAGRA」が重力波の観測を開始（2月）

2017年の九州北部豪雨で被災したJR日田彦山線の一部区間は、鉄道としての復旧を断念

リニア中央新幹線について、静岡県知事が南アルプスをトンネルでぬける県内区間の着工を拒否。2027年に品川一名古屋間が開業する予定だったが、遅れる見こみ

2016年の熊本地震で被災した、熊本と大分を結ぶJR豊肥本線が全線復旧（8月）

岡山県高梁市で、8月9日から9月1日まで、24日連続で猛暑日

神戸市のポートアイランドにある次世代スーパーコンピュータ「富岳」の計算速度が世界一に。新型コロナウイルス感染症の治療薬開発などに利用

8月17日、静岡県浜松市で国内での最高気温タイ記録となる41.1℃を観測

豪雨で球磨川が氾濫。人吉市の中心部が浸水（7月）

大阪都構想の是非を大阪市民に問う住民投票を実施予定（11月）

種子島宇宙センターから国際宇宙ステーション（ISS）への無人補給機「こうのとり」が最後の打ち上げ（5月）。アラブ首長国連邦の火星探査機も打ち上げ（7月）

2020年に世界各地で起きたおもなできごと
時事ニュース マップ

世界編

※ 2020年以外のできごとも一部含みます。

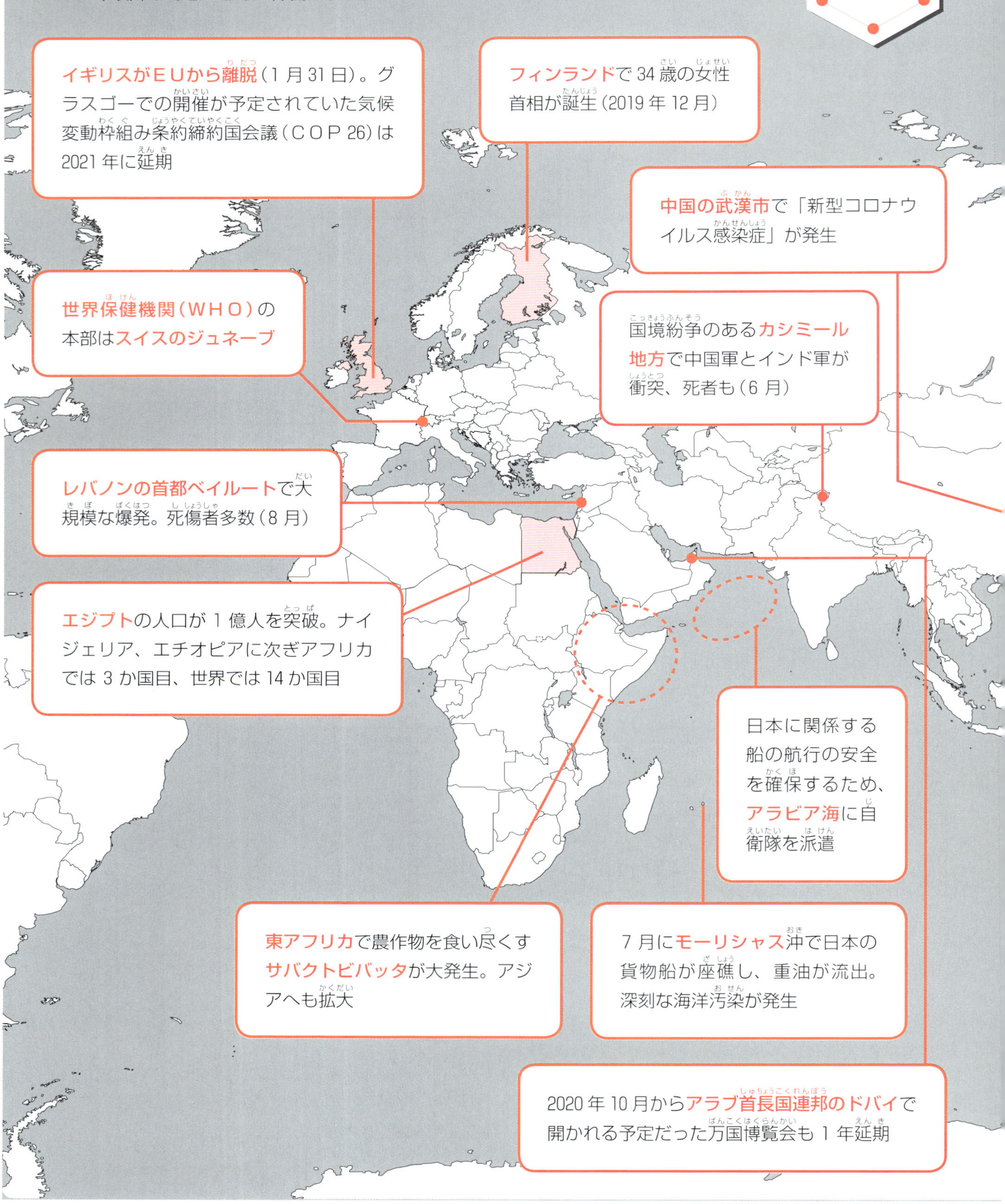

イギリスがEUから離脱（1月31日）。グラスゴーでの開催が予定されていた気候変動枠組み条約締約国会議（COP 26）は2021年に延期

フィンランドで34歳の女性首相が誕生（2019年12月）

中国の武漢市で「新型コロナウイルス感染症」が発生

世界保健機関（WHO）の本部はスイスのジュネーブ

国境紛争のあるカシミール地方で中国軍とインド軍が衝突、死者も（6月）

レバノンの首都ベイルートで大規模な爆発。死傷者多数（8月）

エジプトの人口が1億人を突破。ナイジェリア、エチオピアに次ぎアフリカでは3か国目、世界では14か国目

日本に関係する船の航行の安全を確保するため、アラビア海に自衛隊を派遣

東アフリカで農作物を食い尽くすサバクトビバッタが大発生。アジアへも拡大

7月にモーリシャス沖で日本の貨物船が座礁し、重油が流出。深刻な海洋汚染が発生

2020年10月からアラブ首長国連邦のドバイで開かれる予定だった万国博覧会も1年延期

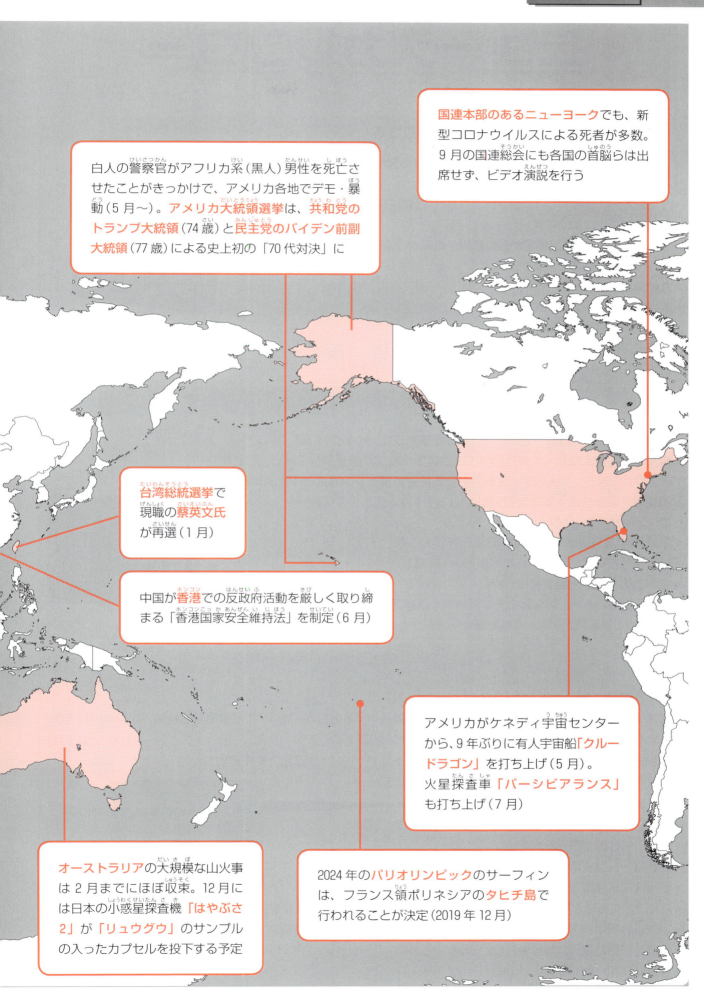

2017-2018-2019 ニュースカレンダー

2017年（平成29年）のおもなニュース

- アメリカで**トランプ大統領**が就任。**TPPからの離脱**を表明（1月）
- イギリスが**EUからの離脱**を正式に通告（3月）
- フランス大統領選挙で**マクロン氏**が当選（5月）
- 韓国大統領選挙で**文在寅氏**が当選（5月）
- トランプ大統領が**パリ協定からの離脱**を表明（6月）
- 天皇の**退位特例法**が成立（6月）
- **九州北部豪雨**（7月）
- 国際連合で**核兵器禁止条約**が採択（7月）
- 北朝鮮が6回目の**核実験**（9月）
- **衆議院議員総選挙**で与党・自由民主党が勝利（10月）
- 日本とEUとの**経済連携協定（EPA）**の交渉が妥結（12月）

2018年（平成30年）のおもなニュース

- 韓国の平昌で**冬季オリンピック**（2月）と**冬季パラリンピック**（3月）
- 韓国の文在寅大統領と北朝鮮の金正恩委員長が**南北首脳会談**（4月、5月、9月）
- アメリカのトランプ大統領と北朝鮮の金正恩委員長がシンガポールで**米朝首脳会談**（6月）
- 2022年4月から成人年齢を「**18歳以上**」とする改正民法が成立（6月）
- ロシアでサッカーの**ワールドカップ**（6〜7月）
- 平成30年7月豪雨（**西日本豪雨**）で死者200人以上（7月）
- 埼玉県熊谷市で国内での観測史上最高の**41.1℃**（7月）
- **北海道胆振東部地震**が発生（9月）
- 中央区築地にあった**東京都中央卸売市場**が江東区豊洲に移転（10月）
- アメリカを除く11か国が合意した**環太平洋パートナーシップ協定（TPP11）**が発効（12月）

2019年（平成31年、令和元年）のおもなニュース

- 日本とEUとの**経済連携協定（EPA）**が発効（2月）
- アメリカのトランプ大統領と北朝鮮の金正恩委員長がベトナムの首都ハノイで**米朝首脳会談**、成果なし（2月）
- 日本の無人探査機「**はやぶさ2**」が小惑星「**リュウグウ**」にタッチダウン（2月、7月）。人工クレーターも生成（4月）
- 「**働き方改革関連法**」と、外国人労働者の受け入れを拡大する「**改正出入国管理法**」が施行（4月）
- 2024年に、20年ぶりに**新しい紙幣**を発行すると発表（4月）
- 新天皇が即位、「**令和**」に改元（5月）
- **食品ロス削減推進法**が成立し（5月）、施行される（10月）
- 大阪市で**G20サミット**が開催（6月）
- **百舌鳥・古市古墳群**が**世界文化遺産**に登録（7月）
- **参議院議員通常選挙**で与党が過半数（7月）
- 9月に台風15号（令和元年**房総半島台風**）、10月に台風19号（令和元年**東日本台風**）による被害
- **消費税の税率が10％**に。酒類・外食を除く飲食料品と新聞には**軽減税率**（8％）を適用（10月）
- **即位礼正殿の儀**が国事行為として行われる（10月）
- **首里城正殿**が火災で焼失（10月）

ニュースカレンダー

2019.11-2020.12

ニュース カレンダー

	国内ニュース	国際ニュース	理科ニュース

2019

11月

- **1日** **東京オリンピック**のマラソン会場を**札幌**に変更することが決定
- **2日** 横浜で**ラグビーワールドカップ**の決勝戦。南アフリカ共和国が優勝
- **4日** アメリカが**パリ協定**からの離脱を正式に通告
- **13日** 「**はやぶさ2**」が「**リュウグウ**」を離れ、地球に向かう
- **14・15日** 新天皇による**大嘗祭**
- **20日** **安倍首相**の在職日数が2887日に。**桂太郎**の2886日をぬき、**史上1位**に
- **23〜26日** **ローマ教皇フランシスコ**が来日、被爆地の広島・長崎を訪問
- **30日** **新国立競技場**が完成

12月

- **2日** スペインの首都マドリードで**気候変動枠組み条約第25回締約国会議（COP25）**が開幕
- **10日** **吉野彰氏**がノーベル化学賞を受賞
- **26日** 日本で**部分日食**

2020

1月

- **1日** **日米貿易協定**が発効
- **11日** **台湾総統選挙**で**蔡英文氏**が再選
- **17日** 約77万4000年前から約12万9000年前までの地質時代を「**チバニアン**」と呼ぶことが正式決定
- **23日** 中国政府が**武漢市の封鎖**を開始
- **31日** **イギリスがEUを離脱**

2月

- **25日** **KAGRA**が重力波の観測を開始
- **27日** 安倍首相が3月2日からの**学校の休校**を要請

2020

	国内ニュース	国際ニュース	理科ニュース

| 3月 | | 5日 中国の習近平国家主席の来日延期を発表

11日 WHOが「パンデミック」を宣言

13日 新型インフルエンザ等対策特別措置法の適用対象に新型コロナウイルス感染症を加える改正法が成立

14日 常磐線が9年ぶりに全線復旧、高輪ゲートウェイ駅が開業

24日 東京オリンピックの延期が決定

29日 羽田空港への着陸機が東京都心上空を低い高度で飛ぶ新ルートの運用開始 |  |

| 4月 | 7日 北海道・埼玉県・千葉県・東京都・神奈川県・大阪府・兵庫県・福岡県に5月6日までの予定で緊急事態宣言

16日 緊急事態宣言を全国に拡大
17日 国内に住む人に一律10万円を給付すると発表 | | 10日 水星探査機「みお」が地球の重力を利用して進路を変える「スイングバイ」 |

| 5月 | 14日 緊急事態宣言を39県で解除
21日 京都府・大阪府・兵庫県の緊急事態宣言を解除

25日 緊急事態宣言を全面解除 | 

25日 アメリカで白人警官がアフリカ系（黒人）男性を取り押さえる際に死亡させる。以後、人種差別に抗議するデモが相次ぐ | 21日 国際宇宙ステーション（ISS）に物資を届ける日本の無人補給機「こうのとり」が最後の打ち上げ

30日 アメリカが有人宇宙船「クルードラゴン」を打ち上げ。アメリカの有人宇宙船打ち上げは9年ぶり |

| 6月 |  | 30日 香港国家安全維持法が施行 | 21日 日本で部分日食。次に東京で見られるのは10年後 |

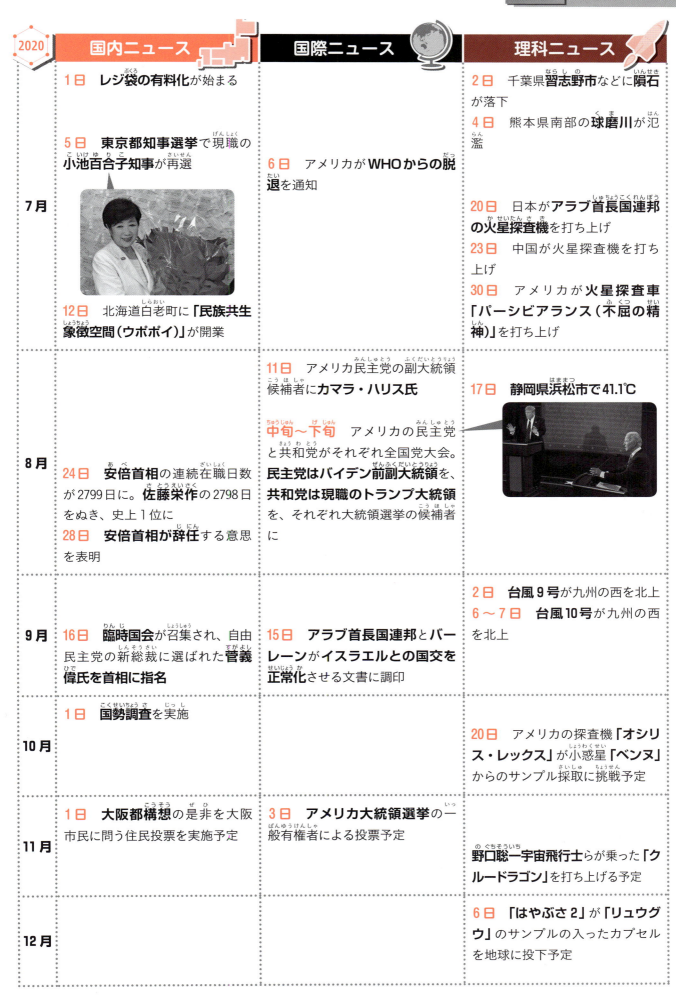

ニュースカレンダー 2020

7月

国内ニュース
- 1日 **レジ袋の有料化**が始まる
- 5日 **東京都知事選挙**で現職の**小池百合子知事**が再選
- 12日 北海道白老町に「**民族共生象徴空間（ウポポイ）**」が開業

国際ニュース
- 6日 アメリカが**WHOからの脱退**を通知

理科ニュース
- 2日 千葉県習志野市などに**隕石**が落下
- 4日 熊本県南部の**球磨川**が氾濫
- 20日 日本が**アラブ首長国連邦の火星探査機**を打ち上げ
- 23日 中国が火星探査機を打ち上げ
- 30日 アメリカが**火星探査車「パーシビアランス（不屈の精神）」**を打ち上げ

8月

国際ニュース
- 11日 アメリカ民主党の副大統領候補者に**カマラ・ハリス氏**
- 中旬〜下旬 アメリカの民主党と共和党がそれぞれ全国党大会。**民主党はバイデン前副大統領を、共和党は現職のトランプ大統領**を、それぞれ大統領選挙の候補者に

国内ニュース
- 24日 **安倍首相**の連続在職日数が2799日に。**佐藤栄作**の2798日をぬき、史上1位に
- 28日 **安倍首相が辞任**する意思を表明

理科ニュース
- 17日 静岡県浜松市で41.1℃

9月

国内ニュース
- 16日 **臨時国会**が召集され、自由民主党の新総裁に選ばれた**菅義偉氏を首相に指名**

国際ニュース
- 15日 **アラブ首長国連邦とバーレーンがイスラエルとの国交を正常化**させる文書に調印

理科ニュース
- 2日 台風9号が九州の西を北上
- 6〜7日 台風10号が九州の西を北上

10月

国内ニュース
- 1日 **国勢調査**を実施

理科ニュース
- 20日 アメリカの探査機**「オシリス・レックス」**が小惑星**「ベンヌ」**からのサンプル採取に挑戦予定

11月

国内ニュース
- 1日 **大阪都構想**の是非を大阪市民に問う住民投票を実施予定

国際ニュース
- 3日 **アメリカ大統領選挙**の一般有権者による投票予定

理科ニュース
- **野口聡一宇宙飛行士**らが乗った**「クルードラゴン」**を打ち上げる予定

12月

理科ニュース
- 6日 **「はやぶさ2」**が**「リュウグウ」**のサンプルの入ったカプセルを地球に投下予定

時事問題に関連する 資料のページ

　時事問題を学ぶにあたっては、地図や表を利用して視覚的に理解することも大切です。地名が出てきたら、そこがどの都道府県にあるか知識として知るだけでなく、地図上での位置を理解する必要があります。また、地図や表に整理することで、もれなくおさえることもできます。そこで、このページでは、時事問題に関連する地図や年表などをまとめました。ぜひ役立ててください。

❶ 感染症の歴史

小学生に知っておいてほしい ニュースTOP20
第4位　感染症の歴史への影響

　歴史の流れは、各時代に生きていた人たちがどう考え、行動したかだけでは決まりません。自然条件によっても大きく左右されます。異常気象や大規模な災害が歴史に影響を与えた例は非常に多くありますが、たくさんの人の命を一度に奪う感染症はそれ以上に、経済や社会のしくみに大きな変動を引き起こします。一方で、感染症を克服するための努力も続けられてきました。これからも続いていくであろう、人類と感染症とのかかわりの歴史を振り返ってみましょう。

先史時代	人類が家畜を飼い始めるとともに、動物から細菌やウイルスが人に感染し、さまざまな感染症が生まれる。家畜にするのに適した動物があまりいなかった南北アメリカでは、感染症が比較的少なかったとみられる
737年	平城京で疫病（天然痘）が流行し、権力を握っていた藤原4兄弟が次々に死亡
743年	聖武天皇が大仏造立を命じる。仏の力で疫病から国を守るためでもあった
869年	疫病退散を願って、京都で祇園祭が始まる
13〜14世紀	モンゴル帝国がユーラシア大陸の大部分を支配し、東西交流が活発になる。「グローバル化」が進んだことで、感染症が拡大しやすい状況が生まれる
1348年ごろ	ヨーロッパでペスト（黒死病）が大流行。人口の約3分の1が失われたともいわれる。以後、流行が繰り返されるようになるが、それは「ユダヤ人」や「魔女」のせいだとして、迫害も繰り返された
1492年	コロンブスが新大陸に到達。以後、旧大陸から新大陸に、天然痘をはじめ、さまざまな感染症が持ちこまれる。免疫のなかった先住民は次々に感染・死亡し、人口が激減。逆に新大陸からは、梅毒が旧大陸に持ちこまれたとされる

先史時代の人がヤギなどの家畜を描いた岩絵（アフリカ・アルジェリアのタッシリ・ナジェールで）

ペストにかかって体中にはれ物ができた人を描いた14世紀の絵

1665 年	ロンドンでペストが大流行。ケンブリッジ大学も閉鎖され、ニュートンは故郷に疎開。このとき万有引力の法則を発見したとされる
18 世紀末	イギリスのジェンナーが、牛痘という天然痘に似た牛の病気にかかった人のうみを他の人に接種して、天然痘を予防（ワクチンの発見）
18 ～ 19 世紀	産業革命が起こったイギリスなどで、劣悪な条件で働かされていた労働者の間に結核が蔓延
19 世紀	イギリスの植民地支配により、インドの風土病だったコレラの世界的な流行が繰り返される。日本にも侵入
1880 年代	フランスのパスツールが狂犬病のワクチンを開発
1880 年代	ドイツのコッホが結核菌、コレラ菌を発見。北里柴三郎がドイツに留学しコッホに師事
1894 年	北里柴三郎とイェルサンが香港でペスト菌を発見
1918 ～ 20 年	スペイン風邪（インフルエンザ）が世界的に大流行。全世界で数千万人が死亡。日本でも約 40 万人が死亡
1928 年	野口英世がアフリカのガーナで黄熱病に感染して死亡 フレミングが細菌を殺す抗生物質「ペニシリン」を発見
1930 年代	透過型電子顕微鏡が発明され、ウイルスを見ることができるようになる
1950 年	この年を最後に、結核が日本人の死亡原因の 1 位ではなくなる
1976 年	アフリカで「エボラ出血熱」が発生。以後、流行が繰り返される
1980 年	世界保健機関（WHO）が天然痘の根絶を宣言。自然感染した最後の患者は、1977 年にアフリカのソマリアで発生した
1981 年	後天性免疫不全症候群（AIDS）の患者が初めて発見される
1997 年	香港で鳥インフルエンザが発生し、すべての鶏を殺処分。以後もアジアでは、たびたび鳥インフルエンザが発生し、人に感染して死者も出た
2001 年	当時の小泉純一郎首相がハンセン病の患者・元患者らに対して、政府が人権を無視した隔離政策をとり、差別を助長してきたことを謝罪 日本でも牛海綿状脳症（BSE）に感染した牛が発見される
2002 ～ 03 年	コロナウイルスの一種による重症急性呼吸器症候群（SARS）が中国で発生し、世界に広がる
2007 年	日本の若者の間で麻疹（はしか）が流行。休校する大学が続出
2009 年	新型インフルエンザにより、大阪府・兵庫県では一時、学校が休校に
2010 年	宮崎県で家畜の伝染病「口蹄疫」が発生し、約 29 万頭の豚・牛を殺処分
2012 年	新型インフルエンザ等対策特別措置法を制定 コロナウイルスの一種による中東呼吸器症候群（MERS）の患者を初めて確認
2014 年	東京の代々木公園で蚊に刺された人が、日本には存在しないはずの「デング熱」に感染
2016 年	リオデジャネイロオリンピックの開催をひかえたブラジルで「ジカ熱」が流行。参加を辞退する選手も出た
2018 年	外国人観光客から感染した麻疹が沖縄で流行
2020 年	新型コロナウイルス感染症が世界的に流行。WHO がアフリカで野生株のポリオの根絶を宣言

「マスクをかけぬ命知らず！」と、公共の場での感染防止を呼びかけるスペイン風邪流行当時のポスター
（国立保健医療科学院図書館所蔵　内務省衛生局著．流行性感冒．1922.3.）

スペイン風邪の感染予防のため、マスクを着用した女学生

WHO のマークは「アスクレピオスのつえ」。ギリシャ神話に登場する名医のアスクレピオスが持つ蛇の巻きついたつえは、医術の象徴とされている

❷ 最近のノーベル平和賞受賞者

ノーベル賞とは、ダイナマイトを発明したスウェーデンの化学者アルフレッド・ノーベル（1833～1896年）の遺言により創設された賞です。1901年から、**物理学、化学、医学・生理学、文学、経済学、平和**の6つの部門で毎年大きな業績を残した人に贈られています（経済学賞は1969年から）。平和賞には、非暴力での民主化運動や人権擁護活動につくした人や団体が多く選ばれています。

例えば、2014年のノーベル平和賞は、イスラム過激派に銃撃され、重傷を負いながらも、女性にも教育を受ける権利があると訴えたパキスタン出身の**マララ・ユスフザイさん**ら2人が受賞しました。1997年生まれのマララ・ユスフザイさんは、当時17歳でした。

2019年のノーベル平和賞を受賞したエチオピアのアビー・アハメド首相

年	おもな受賞者	受賞した理由
1901年	アンリ・デュナン（ほかにフレデリック・パシーも受賞）	国際赤十字の創設
1964年	キング牧師	アメリカでの黒人差別撤廃を訴える公民権運動
1974年	佐藤栄作（ほかにショーン・マクブライドも受賞）	非核三原則の提唱
1979年	マザー・テレサ	カトリックの修道女として、インドで貧しい人や病人に救いの手を差し伸べる
1989年	ダライ・ラマ14世（チベット仏教の最高指導者）	チベットで非暴力による中国からの自治拡大運動
1990年	ミハイル・ゴルバチョフ　ソ連共産党書記長（大統領）	ソ連最後の指導者として冷戦を終結に導く
1991年	アウンサンスーチー　国民民主連盟書記長	ミャンマーの軍事政権に対して、非暴力での民主化運動
1993年	ネルソン・マンデラ　アフリカ民族会議議長 フレデリック・デクラーク　南アフリカ共和国大統領	南アフリカ共和国の人種隔離政策（アパルトヘイト）終結のための努力
1997年	地雷禁止国際キャンペーン（ICBL） ジョディ・ウィリアムズ代表	対人地雷廃絶をめざす活動
1999年	国境なき医師団	世界中の紛争地域などでの医療活動
2000年	金大中　韓国大統領	北朝鮮の金正日・労働党総書記（国防委員長）との南北首脳会談を行う。韓国の民主化にも貢献
2001年	国際連合（国連）とコフィ・アナン事務総長	世界の平和、人権保護などのために努力
2004年	ワンガリ・マータイ　ケニア環境副大臣	持続可能な開発、民主主義と平和への貢献
2005年	国際原子力機関（IAEA）とモハメド・エルバラダイ事務局長	原子力エネルギーの平和的利用に対する貢献
2007年	アル・ゴア　前アメリカ副大統領 気候変動に関する政府間パネル（IPCC）	地球温暖化の脅威を警告
2009年	バラク・オバマ　アメリカ大統領	「核兵器のない世界」をめざすと発言し軍縮交渉を促す
2010年	劉暁波（中国の民主化を求める活動家）	共産党の一党独裁体制廃止を求める「08憲章」を起草
2012年	ヨーロッパ連合（EU）	ヨーロッパで戦争を起こさないようにする。民主主義の発展と人権の向上にも貢献
2013年	化学兵器禁止機関（OPCW）	非人道的な化学兵器を廃棄する活動
2014年	マララ・ユスフザイ（パキスタン出身の人権活動家）	女子に教育は必要ないとするイスラム過激派の主張に反対し、女子の教育を受ける権利を求める活動
	カイラシュ・サティアルティ（インドの人権活動家）	経済的利益のために子どもを搾取する児童労働に反対
2015年	チュニジアの「国民対話カルテット」（労働総同盟、産業・商業・手工業連合、人権擁護連盟、全国弁護士会の4者）	長期独裁政権を倒したいわゆる「ジャスミン革命」後のチュニジアで、政党間の対立を解消し暫定政府樹立を成功させるなど、民主化に貢献
2016年	フアン・マヌエル・サントス　コロンビア大統領	コロンビアで50年以上続いた内戦終結のため努力
2017年	核兵器廃絶国際キャンペーン（ICAN）	核兵器禁止条約の採択に貢献
2018年	デニ・ムクウェゲ（コンゴ民主共和国の産婦人科医） ナディア・ムラド（過激派組織「イスラム国」による迫害を告発した、イラクでは少数派のヤジディ教徒の活動家）	戦争・武力紛争での性暴力をなくす努力
2019年	アビー・アハメド　エチオピア首相	隣国エリトリアとの紛争を終結させ和平を実現

※肩書きは受賞当時のもの。色をつけた受賞者は女性

❸ 日本のノーベル賞受賞者

日本人として初めてノーベル賞を受賞したのは湯川秀樹博士（物理学賞）で、1949年のことです。このニュースは、終戦直後に苦しい生活を送っていた多くの日本人に希望を与えました。1968年には、作家の川端康成が初めて文学賞を受賞し、1974年には、**核兵器を「持たず、つくらず、持ちこませず」という非核三原則**を提唱した佐藤栄作元首相（在職1964〜1972年）が初めて平和賞を受賞しました。

2000年以降は、日本人がしばしば自然科学系の賞を受賞するようになっています。特に2014年から2016年までは、3年連続で日本から受賞者が出ました。2019年にも、**吉野彰**・旭化成名誉フェローら3人に化学賞が授与されましたが、これはパソコンや携帯電話に使われる**リチウムイオン電池**を開発したことが評価されたものです。

2019年の化学賞を受賞した吉野彰氏

年	受賞者	受賞した賞	受賞した理由
1949年	湯川秀樹（1907〜1981年）	物理学	原子核の中に「中間子」が存在することを予言
1965年	朝永振一郎（1906〜1979年）	物理学	量子電磁気学の難問を解決する「くりこみ理論」
1968年	川端康成（1899〜1972年）	文学	『雪国』『伊豆の踊子』などの作品
1973年	江崎玲於奈（1925年〜）	物理学	粒子が障壁を超えて移動する「トンネル効果」を初めて半導体で実証し、「江崎ダイオード」を開発
1974年	佐藤栄作（1901〜1975年）	平和	核兵器を「持たず、つくらず、持ちこませず」の非核三原則に基づく政治・外交
1981年	福井謙一（1918〜1998年）	化学	有機化学反応についての「フロンティア軌道理論」
1987年	利根川進（1939年〜）	医学・生理学	免疫抗体ができる過程を遺伝子レベルで解明
1994年	大江健三郎（1935年〜）	文学	『個人的な体験』『万延元年のフットボール』などの作品
2000年	白川英樹（1936年〜）	化学	電気を通す性質を持った高分子化合物（プラスチック）を開発
2001年	野依良治（1938年〜）	化学	化学的な組成が同じでも、左手と右手のように対称的な構造を持つ有機化合物について、「左」か「右」のどちらかだけをつくり出す方法を開発
2002年	小柴昌俊（1926年〜）	物理学	岐阜県の神岡鉱山跡に設置した「カミオカンデ」という装置で、超新星爆発による「ニュートリノ」をとらえることに成功
2002年	田中耕一（1959年〜）	化学	たんぱく質の質量の正確な測定法を開発
2008年	※南部陽一郎（1921〜2015年）益川敏英（1940年〜）小林誠（1944年〜）	物理学	素粒子物理学の発展に貢献
2008年	下村脩（1928〜2018年）	化学	クラゲから緑色の蛍光を発するたんぱく質を発見し、その光るしくみを解明
2010年	鈴木章（1930年〜）根岸英一（1935年〜）	化学	パラジウムを化学反応のなかだちとなる「触媒」として使い、有機ホウ素化合物から目的の有機化合物を効率的につくる方法を確立
2012年	山中伸弥（1962年〜）	医学・生理学	iPS細胞をつくることに成功
2014年	赤﨑勇（1929年〜）天野浩（1960年〜）※中村修二（1954年〜）	物理学	高輝度の青色発光ダイオード（LED）を開発し、その実用化に貢献
2015年	大村智（1935年〜）	医学・生理学	寄生虫が目に侵入して失明の原因になる風土病などに効く抗生物質を発見
2015年	梶田隆章（1959年〜）	物理学	「ニュートリノ」に質量があることを証明
2016年	大隅良典（1945年〜）	医学・生理学	細胞が細胞内のたんぱく質を分解する「オートファジー（自食作用）」のしくみを解明
2018年	本庶佑（1942年〜）	医学・生理学	がんの免疫療法を開発
2019年	吉野彰（1948年〜）	化学	リチウムイオン電池を開発

※南部陽一郎氏と中村修二氏は日本出身だが、アメリカ国籍を取得

❹ 2020年の○○年前に起きたできごと

中学入試では、問題作成の年の○○年前のできごとを題材とした出題が見られます。そこで、2020年に○○周年を迎えた、西暦年の末尾が「0」の年に起きたできごとを確認しておきましょう。

年	○年前	できごと
720年	（1300年前）	「日本書紀」が成立する
1860年	（160年前）	大老の井伊直弼が暗殺される（桜田門外の変）
1890年	（130年前）	第1回帝国議会が開かれる
1900年	（120年前）	中国（清）で起きた義和団の乱の鎮圧のため日本も出兵した
1910年	（110年前）	日本が韓国を併合（韓国併合）
1920年	（100年前）	第一次世界大戦後、国際連盟が成立。日本は常任理事国の1つに。1918年から流行していたスペイン風邪（インフルエンザ）がほぼ終息
1930年	（90年前）	第1回の国際サッカー連盟（FIFA）のワールドカップ大会が開かれる
1940年	（80年前）	東京で夏季オリンピックと万国博覧会が、札幌で冬季オリンピックが開かれる予定だったが、いずれも日中戦争の激化により実現しなかった。日独伊三国同盟が結ばれる。大政翼賛会が発足する
1950年	（70年前）	朝鮮戦争が始まり、警察予備隊が組織される
1960年	（60年前）	日米安全保障条約の改定をめぐり、安保闘争が起こる
1970年	（50年前）	大阪で万国博覧会が開かれる
1980年	（40年前）	前年のソビエト連邦のアフガニスタン侵攻を理由に、アメリカ、日本などがモスクワオリンピックをボイコット
1990年	（30年前）	イラクがクウェートに侵攻する。東西ドイツが統一される
2000年	（20年前）	有珠山と三宅島が噴火。韓国と北朝鮮の首脳会談が初めて行われる。二千円札が発行される。九州・沖縄サミットが開かれる
2010年	（10年前）	中国の上海で万国博覧会が開かれる。国内総生産（GDP）で中国が日本を上回る。日本の小惑星探査機「はやぶさ」が地球に帰還

幻の東京オリンピックと万国博覧会

1940年（昭和15年）は、神武天皇が即位してから2600年（皇紀2600年）とされていたこともあり、国家的な行事が多く予定されていました。その1つが東京での夏季オリンピック（9月21日から10月6日まで）でした。その招致のために尽力したのが、日本人では初めて国際オリンピック委員会（IOC）の委員を務めた嘉納治五郎氏です。

また、2月には、札幌で冬季オリンピックも予定されていました。さらに、3月15日から8月31日までは、東京の晴海と豊洲で万国博覧会も開かれる予定でした。隅田川にかかる勝鬨橋は、この万博会場へのアクセスのために造られたものです。

しかし、これらはすべて実現しませんでした。1937年に始まった日中戦争の激化により、貴重な資材が戦争以外の目的に使われるのに軍部が反対したことなどから、1938年に開催を返上したのです。1940年の夏季オリンピックは、代わりにフィンランドのヘルシンキで開かれることになりましたが、これも、1939年に始まった第二次世界大戦により中止されました。

結局、東京オリンピックが実現したのは24年後の1964年で、札幌オリンピックが実現したのは、32年後の1972年でした。日本での万国博覧会は、30年後の1970年に、大阪で実現しましたが、このとき、幻の東京万博の前売り券を使うことができました。

2020年は新型コロナウイルス感染症により、7～9月に予定されていた東京での夏季オリンピック・パラリンピックが1年間延期になりました。2020年10月から2021年4月まで、アラブ首長国連邦のドバイで予定されていた万国博覧会も同様に1年間延期になりました。なお、2025年の万国博覧会は、大阪の夢洲で開かれることが決まっています。

1940年の東京オリンピックのポスターのひとつ

❺ 2021年の◯◯年前に起きたできごと

実際に入試が行われる年の◯◯年前のできごとを題材とした出題も考えられます。そこで、2021年に◯◯周年を迎える、西暦年の末尾が「1」の年に起きたできごとも確認しておきましょう。

年	◯年前	できごと
1221年	（800年前）	承久の乱。鎌倉幕府軍が後鳥羽上皇の軍を破る
1861年	（160年前）	アメリカで南北戦争が始まる
1871年	（150年前）	廃藩置県が行われる
1881年	（140年前）	板垣退助が自由党を結成する
1891年	（130年前）	来日中のロシア皇太子（のちの皇帝ニコライ2世）が滋賀県の大津で警備の警察官に斬りつけられ負傷（大津事件）
1901年	（120年前）	日清戦争の賠償金でつくられた八幡製鉄所が操業開始。田中正造が足尾銅山の鉱毒問題を明治天皇に直訴
1911年	（110年前）	小村寿太郎により関税自主権が回復される。中国で辛亥革命が起こる（翌年、清が滅亡し中華民国が成立）
1921年	（100年前）	原敬首相が東京駅で暗殺される。同じ立憲政友会の高橋是清が後任の首相に
1931年	（90年前）	柳条湖事件をきっかけに、満州事変が起こる
1941年	（80年前）	日本軍がハワイの真珠湾を攻撃し、太平洋戦争が始まる
1951年	（70年前）	サンフランシスコ平和条約と日米安全保障条約が結ばれる
1961年	（60年前）	ソビエト連邦（ソ連）のガガーリン飛行士が人類初の有人宇宙飛行
1971年	（50年前）	1ドル＝360円が1ドル＝308円に。北京の共産党政権（中華人民共和国）が台湾の国民党政権（中華民国）に代わり、国連での代表権を得る
1981年	（40年前）	アメリカ航空宇宙局（NASA）のスペースシャトルが初の宇宙飛行
1991年	（30年前）	湾岸戦争が起こり、アメリカ軍を中心とした多国籍軍がイラク軍をクウェートから追い出す。ソ連が崩壊
2001年	（20年前）	9月11日、アメリカ同時多発テロが起こる。アメリカ軍・イギリス軍は、テロリストをかくまっているとして、アフガニスタンのタリバン政権を攻撃し、崩壊させる
2011年	（10年前）	3月11日、東日本大震災と福島第一原発事故が起こる。チュニジア、エジプト、リビアで独裁政権が次々に崩壊（アラブの春）。シリアで内戦が始まる。スペースシャトルが最後の宇宙飛行

平成時代の節目となった2つの「11日」

アメリカとソビエト連邦（ソ連）との**冷戦（冷たい戦争）** の終結が宣言されたのは、「平成」が始まった1989年（平成元年）でしたが、その2年後の1991年（平成3年）には、その一方の当事者であったソ連が消滅しました。冷戦の終結は日本にとって、同盟国のアメリカにただついていけばよいというわけではなくなり、国際社会の中でどう生き残っていくのかを、真剣に考えなければならなくなったということでもありました。その最初の試練が**湾岸戦争**だったといえるでしょう。

21世紀が始まってすぐの**2001年（平成13年）9月11日**には、イスラム過激派のテロリストが、**アメリカ・ニューヨークの世界貿易センタービルと、首都ワシントン郊外の国防総省の建物**に、乗っ取った旅客機を衝突させ、破壊しました。これに衝撃を受けたアメリカはこの直後から、**アフガニスタン、そしてイラクでの「テロとの戦い」** を始めることになりました。

一方、日本の私たちにとって、それ以上の衝撃だったのが、**2011年（平成23年）3月11日の東日本大震災**と、その直後の津波によって引き起こされた**福島第一原子力発電所の重大な事故**でしょう。防災対策のあり方が問われただけでなく、原子力発電の是非についても国論を二分する議論が巻き起こりました。

炎上する世界貿易センタービル

東日本大震災による津波で流された後、炎をあげて燃える家
（2011年3月11日、宮城県名取市で）

❻ 伝統行事と旧暦

　日本では、明治政府が旧暦の 1872 年（明治 5 年）12 月 3 日を、新暦（太陽暦）の 1873 年（明治 6 年）1 月 1 日とすることで、太陽暦を導入しました。それまで使われていた旧暦は「太陰太陽暦」と呼ばれるもので、月の満ち欠けの周期を 1 か月としながらも、19 年に 7 回の「うるう月」を入れて、日付と季節が大きくずれていかないように工夫されています。そのため、1 年が 13 か月の年があり、2020 年は旧暦の 4 月と 5 月の間に「うるう 4 月」があります。

　旧暦の日付と太陽暦の日付には、年によっても違いますが、1 か月前後のずれがあります。そこで、現在では、十五夜などを除いて、伝統行事を太陽暦の日付に置き換えて行うことが普通になっています。しかし、本来の時期より約 1 か月早く行っていることになるため、人日、上巳、端午、七夕、重陽の五節句などは、季節感がずれてしまうことになりました。そのため、地域によっては、旧暦の日付のままで行った方が季節感に合っている行事を、1 か月後の同じ日付に行うこともあります。これを「月遅れ」といい、例年 8 月 7 日前後に行われる仙台七夕まつりはその 1 つです。

	2020 年の その日の日付	行事の内容など
人日（七草）の節句	1 月 7 日	無病息災を願い、七草がゆを食べる
旧正月	1 月 25 日〜	旧暦の 1 月 1 日は、2020 年は 1 月 25 日にあたる。中国では「春節」といわれ、この日の前後は連休になる
節分	2 月 3 日	立春の前日に「豆まき」をする。縁起の良い方向を向いて「恵方巻き」を食べる
立春	2 月 4 日	この日から暦の上では春
上巳（桃）の節句	3 月 3 日	女子の健やかな成長を願い、ひな人形、桃の花、ひしもちを飾る
春分	3 月 20 日	太陽が真東から昇って真西に沈む。昼と夜の長さがほぼ同じ。この日とその前後 3 日間、計 7 日間が「彼岸」で墓参りをする
八十八夜	5 月 1 日	立春から 88 日目。このころ「茶摘み」をする
端午（菖蒲）の節句	5 月 5 日	男子の健やかな成長を願い、こいのぼりを飾る。しょうぶ湯に入る。かしわもち（関東）、ちまき（関西）を食べる
立夏	5 月 5 日	この日から暦の上では夏
夏至	6 月 21 日	昼が最も長く、夜が最も短い日
七夕（笹）の節句	7 月 7 日	願い事を書いた短冊を笹竹に飾る
土用の丑の日	7 月 21 日 8 月 2 日	夏の土用とは、立秋の直前の 18 〜 19 日間のこと。その期間の「丑」の日が土用の丑の日。夏バテしないよう、うなぎを食べる
立秋	8 月 7 日	この日から暦の上では秋で、「暑中見舞い」ではなく「残暑見舞い」を出す
お盆	8 月 15 日	この日の前後、ご先祖様の霊をお迎えして、またお送りする。7 月 15 日に行う地域もある
二百十日	8 月 31 日	立春から 210 日目。台風が来ることが多いという
重陽（菊）の節句	9 月 9 日	長寿を願い、菊酒を飲む、栗ご飯を食べる
秋分	9 月 22 日	太陽が真東から昇って真西に沈む。昼と夜の長さがほぼ同じ。この日とその前後 3 日間、計 7 日間が「彼岸」で墓参りをする
十五夜	10 月 1 日	団子やすすきを供えて、月を眺める。旧暦の 8 月 15 日は、2020 年は 10 月 1 日にあたる。これは月齢が関係するので、太陽暦の 8 月 15 日に行っても意味がない
立冬	11 月 7 日	この日から暦の上では冬
七五三	11 月 15 日	3 歳の男女、5 歳の男子、7 歳の女子の健やかな成長を祈願する
冬至	12 月 21 日	昼が最も短く、夜が最も長い日。かぼちゃを食べる。ゆず湯に入る
大みそか	12 月 31 日	みそかとは「三十日」のことで、「月の最後の日」という意味。1 年の最後の日である大みそかの夜、除夜の鐘を 108 回つく

※色をつけた伝統行事は、旧暦の決まった日付に行われていたもの

7 おもな祭り

東京発の文化が全国に広まり、地域の文化が失われつつあるといわれますが、郷土色豊かな祭りや行事は、現在も全国各地で活発に行われています。江戸時代以前から受け継がれてきたものもあれば、町おこしにつなげようと、最近になって始まったものもあります。しかし、2020年は、**新型コロナウイルス感染症**の拡大防止のため、多くの人が集まることは避けなければならないとして、ほとんどの祭りが、神事を除いて中止になってしまいました。「疫病退散」を願って平安時代に始まった京都の**祇園祭**も中止で、こうした伝統文化にも大きな影響が出ています。

★は、2020年は中止または延期された祭り（一部、少人数での神事などは実施されたものを含む）

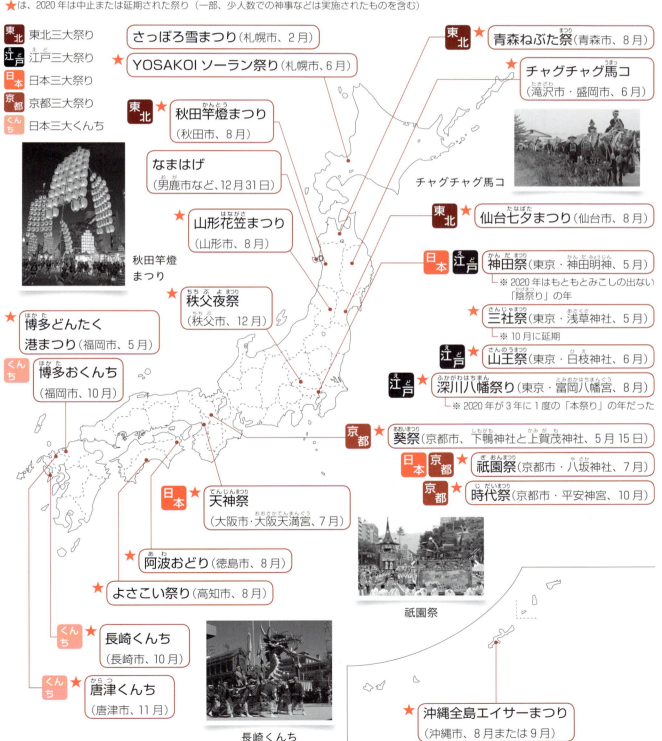

8 国民の祝日とその意義

どの日を国民の祝日にするかは、**「国民の祝日に関する法律（祝日法）」**で決まっています。2020年10月現在の国民の祝日の月日、名称、意義は次の通りです。

2019年5月1日に新天皇が即位されたため、**天皇誕生日は12月23日から2月23日に**変わりました。したがって、2019年12月23日は天皇誕生日にはなりませんでしたが、新天皇即位の時点で、2019年2月23日は過ぎてしまっていたため、2019年は天皇誕生日のない年になったのです。また、**即位日の5月1日**は、2019年だけの臨時の祝日になりました。4月30日と5月2日も休日になったのは、祝日法では「前後を祝日にはさまれた日は休日とする」と定められているためです。同様に、**「即位礼正殿の儀」**が行われた**2019年10月22日**も臨時の祝日とされました。

「令和」初の天皇誕生日となる2月23日を前に、記者会見で還暦（60歳）を迎えるにあたっての心境を述べられる天皇陛下（2月21日）

さらに、**東京オリンピック**が開かれる予定だった2020年には、混雑による混乱を避けるため、3つの祝日を移動させました。**「海の日」が開会式前日の7月23日に、「体育の日」改め「スポーツの日」が開会式当日の7月24日に、「山の日」が閉会式翌日の8月10日に、**それぞれ移動しましたが、オリンピックの2021年への延期が決まった後も、これらの祝日は元に戻しませんでした。政府は2021年も同様に、祝日を移動させる法律案を5月に閣議決定しました。それによると、**「海の日」が開会式前日の7月22日に、「スポーツの日」が開会式当日の7月23日に、「山の日」が閉会式当日の8月8日に、**それぞれ移動することになっていますが、9月の時点では、法律はまだ成立していません。

1年間の祝日（祝日の移動がない年の場合）

月　日	祝日名	意　義
1月1日	元日	年のはじめを祝う
※1月の第2月曜日 （1999年までは1月15日）	成人の日	おとなになったことを自覚し、みずから生き抜こうとする青年を祝いはげます
2月11日	建国記念の日	建国をしのび、国を愛する心を養う（1889年に大日本帝国憲法が発布された日でもある）
2月23日	天皇誕生日	天皇の誕生日を祝う
春分日（2020年は3月20日）	春分の日	自然をたたえ、生物をいつくしむ
4月29日	昭和の日	激動の日々を経て、復興を遂げた昭和の時代を顧み、国の将来に思いをいたす（もともとは昭和天皇の誕生日）
5月3日	憲法記念日	日本国憲法の施行を記念し、国の成長を期する
5月4日	みどりの日	自然に親しむとともにその恩恵に感謝し、豊かな心をはぐくむ
5月5日	こどもの日	こどもの人格を重んじ、こどもの幸福をはかるとともに、母に感謝する
※7月の第3月曜日 （2002年までは7月20日）	海の日	海の恩恵に感謝するとともに、海洋国日本の繁栄を願う
8月11日	山の日	山に親しむ機会を得て、山の恩恵に感謝する
※9月の第3月曜日 （2002年までは9月15日）	敬老の日	多年にわたり社会につくしてきた老人を敬愛し、長寿を祝う
秋分日（2020年は9月22日）	秋分の日	祖先をうやまい、なくなった人々をしのぶ
※10月の第2月曜日 （1999年までは10月10日）	スポーツの日 （2019年までは「体育の日」）	スポーツを楽しみ、他者を尊重する精神を培うとともに、健康で活力ある社会の実現を願う（1964年10月10日に、東京オリンピックの開会式が行われたことを記念したもの）
11月3日	文化の日	自由と平和を愛し、文化をすすめる（1946年に日本国憲法が公布された日）
11月23日	勤労感謝の日	勤労をたっとび、生産を祝い、国民たがいに感謝しあう

※はハッピーマンデー制度により、特定の週の月曜日に移動する祝日

❾ 地震・津波・噴火　災害の歴史

　2016年には**熊本地震**が発生し、2018年9月にも、最大震度7を観測する**北海道胆振東部地震**がありました。これらは**活断層**による**直下型地震**だったといえますが、日本列島に安全な場所はないことを、改めて痛感させられました。そのため、**首都直下地震**や**南海トラフ地震**に備えることの大切さが再認識されています。そこで、明治時代以降に起こったおもな地震・噴火を確認しておきましょう。

活断層
　過去にくり返し地震が発生しており、今後も地震を引き起こすと考えられる断層のこと。1つの活断層がマグニチュード7クラスの地震を引き起こすのは、数千年から数万年に一度と考えられているが、活断層は日本全国に2000以上も分布している。そのほかに、まだ知られていない活断層が地震を引き起こすことも考えられる。

直下型地震
　内陸部にある活断層を震源として発生する地震は、地震そのものの規模を表す**マグニチュード**がそれほど大きくなくても、特定の地点でのゆれの強さを表す**震度**が大きくなることがある。都市の近くで発生すると、重大な被害が出ることが多いが、そのような地震を直下型地震という。1995年の**阪神・淡路大震災**を引き起こした兵庫県南部地震、2004年の**新潟県中越地震**、2008年の**岩手・宮城内陸地震**、2016年の**熊本地震**、2018年の**北海道胆振東部地震**などは、直下型地震の例といえる。

2020年 時事用語解説

▼あ行

IoT（モノのインターネット）

「Internet of Things」の略で、情報通信機器だけでなく、家電製品、自動車、家など、さまざまなモノに通信機能を持たせること。これらのモノがセンサーで集めた情報は、インターネット上のデータを保存する場所にアップロードされ、人工知能（AI）などが解析する。その結果に基づいてモノを操作することで、近い将来、私たちの生活や産業のあり方が大きく変わると予想され、その一部はすでに実現している。

例えば、通信機能を備えた電力の「スマートメーター」を設置すると、自動的に電力の使用状況が電力会社に送られ、自分でも把握できる。また、自動車に通信機能を持たせれば、どの場所でどのような運転操作が必要か、事故が起こりやすい場所はどこかというビッグデータも収集できる。そのデータを利用した自動運転車も実現すると思われる。こうした変化は「第四次産業革命」ともいわれる。

2020年からは、日本でも超大量のデータを瞬時にやりとりできる、第5世代移動通信システム（5G）という新規格を使ったサービスが一部の地域で始まった。

暗号資産

インターネット上だけに存在する「お金」のことで、インターネットでの通信販売を利用したときの代金の支払いや、外国への送金などに使えるため、利用者が増えつつある。安全性を確保するため暗号化されてやり取りされる（かつては「仮想通貨」とも呼ばれていた）。国家が管理していないため、国の枠組みを超えて使えるが、強制的に通用させる力はない。しかし、今後さらに普及すると、各国の中央銀行による金融政策が意味を持たなくなってしまうおそれがある。

大阪都構想

大阪府と大阪市の組織を統合して大阪市を廃止し、現在の大阪市の24区は4つの特別区（東京23区のような市に準じた権限を持つ区）に再編しようという構想のこと。

現在、特別区が置かれている東京の場合、戦前は「東京府」の中に「東京市」があったが、太平洋戦争中の1943年に、府と市の組織が統合されて「東京都」になった。ところが、大阪の場合は、「大阪府」の組織と「大阪市」の組織が別々に存在しているため、府と市がそれぞれ同じような施設をつくるなどの「二重行政」が発生し、むだが多いのではないかといわれてきた。

そこで、大阪も東京にならって府と市の組織を統合することが考えられた。2015年には、その是非を大阪市民に問う住民投票が実施されたが、わずかな差で否決された。2020年11月1日に、大阪市民を対象とする住民投票が再び実施される予定。

▼か行

貨客混載

「客」を運ぶ鉄道、バス、フェリーなどの公共交通機関に、宅配便などの「貨物」もいっしょに載せて運ぶこと。ただし、人が乗るスペースと、貨物を積むスペースは明確に分けられている。公共交通機関の利用者が少ない過疎地域では、路線の維持が年々困難になっており、また物流網の維持も難しいため、国による規制緩和を受けて、こうした取り組みが始まっている。1人がバスの運転手とトラックの運転手を兼ねるようなものなので、人手不足に対応でき、二酸化炭素の排出量も減らせると期待されている。この試みは新幹線にも拡大し、2020年には、三陸沿岸の水産物を空席が多くなった東北新幹線に載せ、東京に運んで売るという実証実験も行われた。

宮城県石巻市の漁港から仙台駅に到着し、東北新幹線の空席に積みこまれるマダイやホヤなどの海産物

環太平洋パートナーシップ協定（ＴＰＰ11）

関税をゼロにするかなるべく低くして、輸入量の制限などもなくして行う貿易を「自由貿易」というのに対して、自国の産業を守る目的などで、輸入品に高い関税をかけたり、輸入量そのものを制限したりして行う貿易を「保護貿易」という。保護貿易が第二次世界大戦の原因の１つにもなったとして、戦後の世界では、自由貿易が推進されてきた。

そのために、２つ以上の国や地域の間で、物やサービスの流通を自由化する協定を「自由貿易協定（ＦＴＡ）」という。さらに一歩進んで、人の移動の円滑化や知的財産権の保護など、より幅広い分野で連携することを含んだ協定を「経済連携協定（ＥＰＡ）」という。

環太平洋パートナーシップ協定とは、太平洋を取り巻く国々のＥＰＡで、関税を原則としてなくすとともに、経済活動にかかわるルールも可能な限り共通化しようというもの。日本、ベトナム、マレーシア、シンガポール、ブルネイ、アメリカ、カナダ、メキシコ、ペルー、チリ、オーストラリア、ニュージーランドの12か国が交渉に参加して、2015年10月に大筋合意に達した。ところが、2017年１月にアメリカでトランプ大統領が就任すると、アメリカは自国の産業を守るためだとして、ＴＰＰからの離脱を発表した。残りの11か国はアメリカの要求をのんで妥協した部分などを「凍結」させた新協定について交渉し、2017年11月に大筋合意に達した。この新協定は「ＴＰＰ11」といわれるようになった。

ＴＰＰ11は2018年12月30日から発効した。これにより、アメリカは日本に農畜産物を輸出するのに、カナダやオーストラリアより不利になってしまったため、日本と２国間での交渉を行い、日本は牛肉や豚肉などのアメリカ産農畜産物の関税を、ＴＰＰ11の他の参加国に認めたのと同じレベルに引き下げることになった。アメリカは、日本の乗用車や自動車部品への追加関税は課さず、撤廃に向けてさらに交渉することになった。この「日米貿易協定」は2020年１月１日から発効した。

また、2019年２月１日からは、日本とヨーロッパ連合（ＥＵ）とのＥＰＡも発効した。しかし、イギリスは2020年１月31日を最後にＥＵから離脱したため、日本はイギリスとも貿易協定を結ぶための交渉を行い、2020年９月に大筋合意に達した。協定は2021年１月から発効する見こみ。

ＴＰＰ11には、かつてイギリスの植民地だった国が多いため、将来はイギリスが入る可能性もある。日本はそれを歓迎するとしている。

TPP11参加国

グローバル化（グローバリゼーション）

経済活動や人の交流が地球規模で行われるようになり、国境を越えて結びつきを強めていこうとする状況を指していう言葉。しかし、外国人との交流や、外国との競争にさらされることを望まない人もいる。外国人労働者により仕事を奪われることや、給料を下げられることを恐れている人は多い。

そのため、地域共同体の中では貿易を自由化しながら、他の地域からの輸入品には関税を課す「ブロック経済化」も起きている。これは第二次世界大戦の原因の１つにもなった。また、外国人を自国に入れない「排外主義」を唱える政治家が各国で一定の人気を集めている。アメリカ大統領選挙でのトランプ氏の当選や、イギリスの国民投票で「ヨーロッパ連合（ＥＵ）から離脱する」という結果が出たことなどは、いずれも急速に進むグローバル化に対する反動と見ることもできる。

軽減税率

所得税などは「累進課税」といって、所得の多い人ほど高い税率が適用される。しかし、消費税の場合は、これまでは高級品か生活必需品かを問わず、すべての商品に同じ税率が適用されていた。高級品は、収入の少ない人はあまり買わないが、生活必需品は、収入の少ない人も多い人も同じように買うという傾向がある。そのため消費税には、収入の少ない人ほど強い負担を感じる「逆進性」があるとされている。そこで、その逆進性を緩和するため、飲食料品（外食と酒類を除く）と自宅に配達される新聞については、2019年10月に税率が８％から10％に引き上げられた後も、税率を８％のままとする「軽減税率」を適用することになった。しかし、どこまでが外食かという定義は難しく、買った食品を持ち帰れば８％、店内で食べれば10％の税率が適用されるなど、制度が複雑になってしまった。

限界集落
人口の半分以上が65歳以上の高齢者になったため、社会生活を営む地域の共同体を維持することが困難になりつつある集落。やがて消滅に向かうおそれがある。過疎化が進んでいる地方に多く、国土交通省と総務省の調査によると、そのような集落は全国に2万以上あることがわかった。一方、大都市でも、入居から長い年月がたって、入居者の子どもの世代が出ていってしまった大規模な団地などでは、似た状況が見られる。

候補者男女均等法
2018年に成立した法律で、政党に対して、国会議員や地方議会議員の選挙で立候補させる候補者の数を、できる限り男女均等に近づけるよう努力する義務を課したもの。正しくは「政治分野における男女共同参画の推進に関する法律」という。この法律ができてから初めての国政選挙だった2019年7月の参議院議員通常選挙では、無所属を含む立候補者370人のうち女性は104人（28.1％）で、過去最高ではあったものの、目標には遠く及ばなかった。当選者数でみても124人のうち女性は28人（22.6％）にとどまった。衆議院でも465人の議員のうち、女性は46人（9.9％）にすぎない（2020年9月現在）。

▼さ行

再生可能エネルギー
化石燃料やウランなど、限りがあり、使ったらなくなってしまうエネルギーに対して、太陽光、風力、地熱、水力、バイオマスなど、くり返し利用できるエネルギーのことをいう。福島第一原子力発電所の事故の後、日本の多くの原発が止まり、火力発電の割合が高くなっているが、それでは地球温暖化の原因になる二酸化炭素などの排出量が増えてしまうことになるため、このような再生可能エネルギーを普及させることが急務となっている。しかし、発電量あたりの費用が従来の発電方法より高くなりがちなことが難点で、日本では普及が遅れていた。

そこで2012年7月、「再生可能エネルギー特別措置法」が施行され、電力会社は、家庭などが再生可能エネルギーで発電した電力を、一定の価格で買い取らなければならないことになった。この制度を「固定価格買取制度」という。その買い取りにかかった費用は電気料金に上乗せされているが、国民の負担が大きくなったため、新たな制度の導入が検討されている。

自然災害伝承碑
2019年に国土地理院が新たに制定した地図記号。地震、津波、噴火、風水害とそれにともなう土石流といった自然災害は、同じ場所を繰り返しおそうことが多いため、防災のためには、過去の災害の教訓に学ぶことが必要である。その被災者が当時の状況を詳細に記し、後世の私たちへの戒めとして残した記念碑は各地にあるが、そのような記念碑のある場所を地図上にはっきり示しておくべきだという考え方から、この地図記号が制定された。

自然災害伝承碑の地図記号

シルバー民主主義
少子高齢化の進行により、高齢者の人口が多くなり、選挙での投票率も若者より高齢者の方が高い社会においては、若者の負担を増やしてでも、高齢者の利益を優先させる政治が行われがちになる状況を指して使われる言葉。

▼た行

特定枠
参議院議員通常選挙の比例区は、各政党が候補者の当選する優先順位を事前に決めない「非拘束名簿式」である。各政党の中では、個人名による投票を多く獲得した候補者から順に当選することになっている。しかし、2018年に公職選挙法が改正され、各政党は比例区の立候補者の一部を、優先的に当選できる「特定枠」に入れてよいことになった。

それに先立つ2015年には、選挙区ごとの有権者数が大きく異なるため、平等でなければならない一票の価値も異なる「一票の格差」を是正する目的で公職選挙法が改正された。参議院議員通常選挙では、47都道府県がそれぞれ1つの選挙区とされていたが、鳥取県と島根県、徳島県と高知県をそれぞれ1つの選挙区にまとめる「合区」が行われたのである。これにより、地元から立候補できなくなった候補者は比例区に回ってもらうとしても、非拘束名簿式では確実に当選できるとはいえないため、そのような候補者を確実に当選させるために、この制度が導入されたとみられる。

特定枠に入った候補者は、個人としての選挙運動ができなくなるが、選挙運動が困難な候補者を特定枠に入れた例もある。2019年7月の参議院議員通常選挙では、「れいわ新選組」がこの制度を利用して、重い障害を持つ2人を当選させたため、国会のバリアフリー化が進んだ。

▼は行

ハザードマップ

災害が発生したときに、どの地域でどのような被害が出る可能性があるかを、災害の種類別に示した地図。例えば地震であれば、倒壊する建物の多い地域、火災が発生する危険性の高い地域、地盤の液状化現象が起こる可能性の高い地域などがそれぞれ示されている。また、津波や水害であれば浸水する範囲、火山の噴火であれば火砕流が到達する範囲などが示されている。近年、このような地図を国や各地の地方公共団体が作成して公表したり、住民に配ったりするようになった。

パリ協定

地球温暖化を防止するため、2015年にフランスのパリで開かれた気候変動枠組み条約第21回締約国会議（COP21）で採択された、新たな温室効果ガス排出量削減の枠組み。産業革命以降の平均気温上昇を2度未満、できれば1.5度未満に抑えることをめざす。それまでの京都議定書では、中国やインドなどの発展途上国には、温室効果ガスの排出量を削減する義務が課されていなかったが、パリ協定では、条約に加盟するすべての国が、それぞれ目標を決めて温室効果ガスの削減に取り組むことになった。日本は2030年度に2013年度比で26%減らすとしている。すべての国が目標を達成できたとしても、温暖化防止にはまだ十分ではないが、一歩前進ではあるといえる。

しかし、アメリカは共和党のトランプ大統領が2019年11月、パリ協定からの離脱を通告した。2020年の大統領選挙で民主党のバイデン氏が当選した場合、アメリカはパリ協定に復帰するのではないかとみられている。

ピクトグラム

空港や駅などで、トイレや非常口の場所、禁煙であることなどを案内する絵文字や記号のこと。さまざまな国籍の人が行き交う場所では、多くの言語で案内表示をする必要があるが、それにも限界がある。そこで、「非常口」「禁煙」などを文字ではなく記号で表すと、どんな言語を使う人にとってもわかりやすい。このような記号を日本工業規格（JIS）で定め、標準化しようとしているほか、国際的にも共通化しようとする動きがある。2019年3月には、東京オリンピック・パラリンピック競技大会組織委員会が、オリンピックで行われる33競技50種目を表すピクトグラムを発表した。

ビッグデータ

インターネットの普及などにより、日々大量に生成されるようになった大容量のデータのこと。コンピュータの処理能力が向上し、それを解析できるようになったので、ビジネスや学問的な研究に生かす動きが始まっている。例えば、東日本大震災の発生当日、帰宅困難者がどこにどのくらいいて、どのように移動しようとしていたかというデータも、各自が持っていた携帯電話の位置情報を解析することで得ることができたので、今後の防災対策に生かそうとしている。新型コロナウイルス感染症が流行した2020年には、主要な駅や繁華街などの人出がどのくらい減ったかを把握するためにもビッグデータが使われた。しかし、ビッグデータの中に個人を特定できる情報が含まれているのではないかとして、その利用に反発する人もいるため、利用のしかたのルールをつくることが求められている。

フェイクニュース

インターネット上を中心に流されるようになった、うそのニュースのこと。世論を操作するために意図的に流されることもあれば、ウェブサイトの管理者が広告収入を稼ぐため、1人でも多くの人にアクセスさせようと、人目をひくような大げさな見出しをつけることもある。政治家などが自分に都合の悪いニュースがあるとき、それを「フェイクニュースだ」と決めつけて開き直るという現象も見られるようになった。

インターネットでは、だれでも情報を発信できるので、流されている情報が正しいとは限らない。インターネットから得た情報はその発信者をきちんと確認し、どの程度信用できるのかをよく考えて取り扱う必要がある。

ヘイトスピーチ

「ヘイト」とは「憎む」という意味で、国籍、人種、民族、宗教などの異なる集団に属する人たちに対し、汚いことばを使って憎しみをぶつけ、差別をあおること。受ける側は深く傷つくことになるため、重大な人権侵害であるとして、特別に重く処罰される国もある。

日本でも近年、外国籍の人に対するヘイトスピーチが問題になっている。政府は当初、憲法で保障された「表現の自由」を制限することになる可能性もあるとして、法律で規制することに慎重な姿勢だったが、2016年に、ヘイトスピーチを防止するための啓発活動を行うことは国や地方公共団体の責務だとした「ヘイトスピーチ解消法」が成立した。しかし、ヘイトスピーチを行った者への罰則規定はなく、何がヘイトスピーチに

あたるのか、その定義も難しい。なお、2020年7月には川崎市で、「ヘイトスピーチ禁止条例」が施行された。公共の場所で拡声器を使ったりビラをまいたりして、日本以外の国や地域の出身者に対するヘイトスピーチを繰り返した場合、最高で50万円の罰金が科される。

ポピュリズム

「人々」という意味のラテン語の「ポプルス」という言葉（英語の「ピープル」に当たる）に、「主義」を表す「イズム」をつけて作られた言葉で、「大衆迎合主義（民衆主義）」と訳されることが多い。不満をかかえている大衆の本音を代わりに言ってみせることで、自分への支持につなげるようなタイプの政治家が各国で出現しているが、そのような政治のあり方を「ポピュリズム」という。地道な利害の調整をしようとはせず、複雑な物事を単純化してとらえ、敵と味方をはっきり分ける傾向が強い。イギリスのヨーロッパ連合（ＥＵ）からの離脱をめぐる国民投票や、アメリカでのトランプ大統領の誕生で注目された。

▼ま行

マイナンバー制度

日本に住む1人ひとりに12けたの番号を振り、それぞれの人が税金や年金保険料をいつ、どのくらい納めたかなどの情報を管理する制度。その番号は2015年10月から個人に通知され、2016年1月から制度がスタートした。希望者には個人番号カード（マイナンバーカード）が発行される。この制度によって、ある機関が管理するＡさんと、別の機関が管理するＡさんが同じ人物であることが簡単に確認できるようになり、「行政が効率化」された。また、役所でいろいろな手続きをするとき、用意する書類が少なくてすむようになり、「国民の利便性が向上」した。税金を確実に徴収し、きちんと納めている人が、ごまかしている人に対して感じる不公平感をなくして、「公平・公正な社会の実現」をはかることも期待されている。当初は社会保障、税、災害対策の3分野での利用だったが、利用範囲が金融や医療にも拡大されつつある。2021年3月からは、マイナンバーカードが健康保険証の代わりに医療機関で使えるようになる見こみ。

メディア・リテラシー

マスメディアやインターネットで流されている情報の真偽を確かめたうえで、信用できるもの、自分にとって必要なものを取捨選択して利用する能力。テレビ、ラジオ、新聞、雑誌などの「マスメディア」の情報は常に正しいとは限らず、誤った報道がなされることもある。また、報道する側が都合のよい情報や場面だけを選んで流すことで、与える印象を変えることもできる。

最近ではインターネットを利用することで、個人でもマスメディアの情報を一方的に受け取るだけでなく、情報を発信することや、マスメディアでは得られない情報を手に入れることもできるようになった。

しかし、インターネット上の情報もすべて正しいとは限らないため、利用にあたっては注意が必要である。

▼ら行

ラムサール条約

1971年にイランのラムサールで採択された、湿地や干潟を保護するための条約。正しくは「特に水鳥の生息地として国際的に重要な湿地に関する条約」という。日本からは1980年、釧路湿原（北海道）が初めて登録された。1993年には、ラムサール条約締約国会議が釧路で開かれ、東京湾に残された貴重な干潟である谷津干潟（千葉県習志野市）などが新たに登録された。日本からは2019年の時点で、阿寒湖（北海道）、伊豆沼・内沼（宮城県）、尾瀬（福島県・群馬県・新潟県）、渡良瀬遊水地（茨城県・栃木県・群馬県・埼玉県）、葛西海浜公園（東京都江戸川区）、琵琶湖（滋賀県）、中海（鳥取県・島根県）、宍道湖（島根県）、宮島（広島県）、秋吉台地下水系（山口県）、慶良間諸島海域（沖縄県）など52か所が登録されている。

▼わ行

忘れられる権利

インターネットの発達により、以前であれば時間の経過とともに忘れられていたようなことが、だれでも簡単に調べられるようになっている。そのため、犯罪をおかして実名で報道されたり、悪意のあるうわさを流されたり、自分でうっかり個人情報を載せてしまったりすると、それがいつまでもインターネット上に残り、その人の平穏な生活をさまたげることになりかねない。そのため、「忘れられる権利」を主張して、個人のプライバシーにかかわる情報が検索結果に出てこないようにしてほしいという訴えが世界各地で起こされるようになった。法律的に確立された権利とはいえないが、裁判所が検索結果の削除を命じる判決を出した例もある。ただ、報道の自由や検索サイトの表現の自由との兼ね合いから、どこまで認めるべきかは難しい問題といえる。

2021年中学入試 予想問題の解答

国内政治・経済・社会

1

I

問1 （1）　イ

（2）　（例）全国の国の数を示す鉾を立てて祭りをとり行い、神に祈ることで疫病を鎮めようとした。

問2 （例）各自治体の教育委員会が地域の実情に合わせて決める。〈25字〉

問3 ア・エ 【順不同・完答】

問4 （1）　ウ　　（2）　エ

（3）　（A）　自衛隊【漢字3字指定】　　（B）　教育　　（C）　合区【(B)・(C)はいずれも漢字2字指定】

問5 （1）　（例）学校給食が中止され、余った食材が大量に出回ったため。〈26字〉

（2）　冬

問6 （例1）1人でも楽しむことができる点。〈15字〉

（例2）自宅から出ずに楽しむことができる点。〈18字〉

（例3）家の中での生活を豊かにするものである点。〈20字〉

問7

（1）

〈消費者への配慮の面〉

（例）開店時に来客できない人など、できるだけ多くの人が購入の機会を得られるようにするため。

〈近隣環境への配慮の面〉

（例）店の前の行列や渋滞により、周囲に迷惑をかけないようにするため。

（2）　口紅、頬紅【漢字2字指定】

問8 （1）　（D）　閉　　（E）　集　　（F）　接　【いずれも漢字1字指定、順不同・完答】

（2）　（例）参議院よりも議員数が多かった貴族院の議場をそのまま利用しているから。

（3）　（例）押しボタン（を使った投票による採決から、）起立（による採決に変わった。）【完答】

問9 （1）　ア

（2）　（例）強制したり命令したりするのではなく、ちょっとしたきっかけを与えて、自発的に消毒や手洗いをしたり、他人との距離をとったりすることを促している。

II

問10 （1）　（例）子どもを保育所に預けようとしたら、保育所から受け入れを拒否された例があった。そうすると、その親は医療に従事できなくなるため、地域医療の崩壊につながる一因になると考えられるから。

（2）　（i）　（G）　原告　（H）　控訴　【それぞれ漢字2字指定】　　（ii）　イ　　（iii）　3　【算用数字指定】

（iv）　（例）伝染力が極めて弱く、患者を強制的に隔離することは望ましくないと国際的にも指摘されていたにもかかわらず、国は長期間、政策を改めなかったため、一部の国民が差別され続けたこと。

問11 （1）　ア　　（2）　ホテル・旅館（宿泊）

問12 （1）　（例）日清戦争が終わったから。〈12字〉

（2）　後藤新平【漢字指定】

● 国内政治・経済・社会の続き

Ⅲ

問13　(1)　イ　　(2)　エ

問14　(1)　(J)　成年　　(K)　普通【それぞれ漢字2字指定】
　　　(2)　(L)　署名　　(M)　選挙管理委員会　　(N)　住民投票　　(O)　過半数

問15　(1)　ウ　　(2)　ア

問16　○○：同一　　□□：時間【それぞれ漢字2字指定】

問17　ア

問18　イ

問19　(1)　キ　　(2)　ウ

問20　(1)　（例）日中戦争が開戦したから。〈12字〉
　　　(2)　エ・オ【順不同・完答】
　　　(3)　（例）参加した国・地域別の整然とした行進から、戦い終わった選手たちが交流しあいながらの入場に変わった。
　　　(4)　世界の国旗

2

問1　2001【算用数字指定】

問2　消防【漢字2字指定】

問3　エ

問4　グレープフルーツ【カタカナ指定】

問5　(1)　5（年ごと）【算用数字指定】
　　　(2)　（例）日露戦争中で、多くの男性が日本から戦地に行っていたから。〈28字〉
　　　(3)　エ　　(4)　ア・イ・エ【順不同・完答】
　　　(5)　（例）新型コロナウイルスの感染拡大防止やプライバシー保護のために、対面での調査票の配布や回収などを避けて、インターネットでの回答を呼びかけている。
　　　(6)　（例）大隈重信は、「現在の国の情勢をはっきりさせなければ、政府は政治を行うことができない。また、過去の政治の結果と比較しなければ、政府は政策の利点と欠点を知ることができない」と述べ、統計やデータの重要性を訴えている。

問6　（例）不特定多数の人たちと匿名でつながりやすいSNSやインターネットでの誹謗や中傷による人権侵害が問題になっていること。

配点

1　Ⅰ　問1(1)、問3、問4、問5(2)　各1点×8＝8点
　　　　問1(2)、問2、問5(1)、問6、問7(2)、問8(1)、問9(1)　各2点×7＝14点
　　　　問7(1)、問8(2)(3)、問9(2)　各3点×5＝15点　（Ⅰ　計37点）
　　Ⅱ　問10(2)(ⅰ)〜(ⅲ)、問11(1)　各1点×5＝5点
　　　　問11(2)、問12(1)(2)　各2点×3＝6点
　　　　問10(1)、(2)(ⅳ)　各3点×2＝6点　（Ⅱ　計17点）
　　Ⅲ　問13〜問19　各1点×16＝16点
　　　　問20(1)(2)　各2点×2＝4点
　　　　問20(3)(4)　各3点×2＝6点　（Ⅲ　計26点）　（**1**　計80点）

2　問1〜問3、問5(1)(3)　各1点×5＝5点
　　　問4、問5(2)(4)　各2点×3＝6点
　　　問5(5)(6)、問6　各3点×3＝9点　（**2**　計20点）

● 国際

1

問1 （あ）共和　（い）民主　【いずれも漢字指定】
問2 ウ
問3 親：福田赳夫　子：福田康夫　【いずれも漢字指定】
問4 A：エ　B：イ　C：ア　D：ウ
問5 イ
問6 アラスカ（州）　ハワイ（州）　【順不同、いずれもカタカナ指定】
問7 ●は夏季オリンピックが、★は冬季オリンピックが開催された都市を示している。
問8 2【算用数字指定】
問9 (1) ア
　　 (2) エ
　　 (3) ウ
問10 エルサレム【カタカナ指定】
問11 右図参照
問12 ソビエト連邦（ソ連）を中心とする社会主義国

問13 (1) ベトナム戦争
　　 (2) （例）南北戦争はアメリカの内戦であったため、国土が戦場になり、多くの民間人も巻きこまれたから。

2

問1 (1) （例）イギリスがヨーロッパ連合（EU）から離脱したため。
　　 (2) 27（か国）【算用数字指定】
　　 (3) a　カナダ　b　アメリカ
問2 （あ）ポンド　（い）セント　【いずれもカタカナ指定】
問3 （例）ブリュッセルよりも西に位置するイギリスは、ブリュッセルとは1時間の時差があるため、イギリス国内でのEU離脱の日付は2020年1月31日になるから。
問4 （あ）ゴルバチョフ　（い）ノルウェー　【いずれもカタカナ指定】
問5 ア
問6 ウ
問7 ウ
問8 （例1）一国二制度のもと、香港に対して独自の立法権を認めていたにもかかわらず、中国政府が香港にかかわる法律を一方的に制定したから。
　　 （例2）一国二制度のもと、香港に対して言論の自由を認めていたにもかかわらず、中国政府を批判した者を逮捕できる法律を制定したから。

配点
1 問1、問3　各2点×4＝8点
　その他　各3点×18＝54点　（1 計62点）
2 問1(3)、問2　各2点×4＝8点
　問3 6点　その他　各3点×8＝24点　（2 計38点）

その他の社会

Ⅰ
問1 (1) ウ (2) ウ
問2 (1) （例）明治政府は不平等条約を結んでいた国に治外法権を認めていたため、日本の規則に従わせることができなかったから。
(2) （例）コレラが流行した国や地域では、感染の拡大を防ぐために上下水道の整備などが進み、生活環境が改善されるきっかけになったから。
問3 ア・北里柴三郎【完答・氏名は漢字指定】　問4 ねずみ【ひらがな指定】
問5 ア・イ【順不同・完答】　問6 ウ→ア→エ→イ【完答】
問7 (1) エ
(2) （例）無症状の感染者がそれと知らずにウイルスを飛散させるのを抑え、感染の拡大を防げるから。
問8 (1) オンライン【カタカナ5字指定】
(2) （例）飲食店などで買って持ち帰った食品や、宅配サービスで届けられた食品を自宅で食べること。
問9 （例）「TOKYO2020」の文字はエンブレムに表記されており、事前に公式グッズやユニフォームなどにも印字されていたため、名称の変更による廃棄や作り直しをする必要がなくなり、追加の経費もかからないこと。
問10 (1) A：エ　B：オ (2) （例）医療関係者への感謝（を表現するため）
問11 (1) （例）スマートフォンが普及し、SNSなどを通じた情報交換が活発になっているから。
(2) （例）在庫が十分にある様子がわかる写真や映像とともに、うわさが事実ではない根拠を報道すればよいと思う。
問12 (1) エ (2) they

Ⅱ
問1 (1) （例）ボールペン、消しゴム、うちわ、クリアファイル、タオル（などから1つ）
(2) （例）原料の残りの成分が石油由来であれば海洋プラスチックごみになることに変わりはなく、無料のままなら使い捨てされることも変わらないから。　(3) ア
問2 (1) A：エ　B：イ　C：ア
(2) （例）空中からの農薬散布のほか、農作物の生育状況などの情報をカメラから収集することも可能になり、農作業を効率的に行うことができるから。
(3) X：鹿　Y：猪【それぞれ漢字1字指定】
問3 (1) （例）同じ地方に含まれる。／陸続きで隣接している。
(2) （例）ほとんど利用されてこなかった間伐材のほか、建築現場や製材工場から出た廃材なども燃料用のチップとして有効活用できるだけでなく、チップの製造などの新たな雇用も生まれるから。
(3) カーボンニュートラル【カタカナ指定】
問4 ウ

Ⅰ　問2、問7(2)、問9、問11(2)　各5点×5＝25点
　　問3、問5、問6、問8(2)、問10(2)、問11(1)、問12(2)　各3点×7＝21点
　　その他　各2点×8＝16点　（Ⅰ 計62点）
Ⅱ　問1(2)、問2(2)、問3(2)　各5点×3＝15点
　　問1(1)、問3(1)(3)　各3点×3＝9点
　　その他　各2点×7＝14点　（Ⅱ 計38点）（★計100点）

● 理　科

1

問1　C→D→B→A→E　【完答】

問2　(1)　①—イ　②—ウ　③—カ　④—オ　【完答】

　　　(2)　①　イ

　　　　　②　(例) 上空の気温が低く地表付近の気温が高いので、強い上昇気流が起こりやすく、垂直方向に雲が発生するから。〈49字〉

　　　(3)　記録的短時間大雨情報　【漢字10字指定】

問3　フェーン現象

問4　イ

問5　大雨特別警報　【漢字6字指定】

問6　線状降水帯　【漢字5字指定】

問7　(1)　①—強風　②—15　【完答】　　③—暴風警戒　④—25　【完答】

　　　(2)　(例) 台風に吹きこむ風の向きと、台風の進行方向が同じになるため。

　　　(3)　(例) 海面からの水蒸気の供給がなくなるため。

　　　(4)　(例) 水資源をもたらし、水不足が解消される点。

2

Ⅰ

問1　(1)　イ・ウ　【順不同・完答】

　　　(2)　金環日食、エ　【完答】

問2　イ

問3　ア・ウ・エ　【順不同・完答】

Ⅱ

問4　(1)　360 ÷ 1.8 = 200(度)　【整数指定】

　　　(2)　360 ÷ (360 − 200) = 2.25(年) = 27(か月)　【整数指定】

　　　(3)　9

問5　(1)　はやぶさ2　　(2)　リュウグウ　【カタカナ指定】

　　　(3)　ウ

問6　火星・木星　【完答】

3

問1　(1)　イ　　(2)　イ　　(3)　エ

問2　ア　　　問3　エ

問4　(1)　イ　　(2)　クラスター　【カタカナ指定】

　　　(3)　密閉 (密閉空間)・密集 (密集場所)・密接 (密接場面)　【いずれも漢字指定、順不同・完答】

問5　ワクチン

問6　ＤＮＡ　【アルファベット3字指定】

配点

1 問2(2)①、問2(3)、問3、問4、問5、問6　各3点×6 = 18
その他　各4点×8 = 32点（**1** 計50点）

2 問1、問2、問5(3)、問6　各4点×5 = 20点
その他　各5点×6 = 30点（**2** 計50点）

3 各5点×10 = 50点（**3** 計50点）

さくいん

あ行

アイヌ語、アイヌ民族 ·······66
新しい生活様式 ·······12
安倍晋三(前首相)
·······2, 10, 20, **22～23**, 33, 52, 135, 137
アメリカ大統領選挙 ·······3, 68, 69, **74～75**,
78, 133, 137, 149, 151
アメリカ同時多発テロ ·······143
アラブ首長国連邦(UAE)
·······**80**, 94, 130, 132, 137, 142
アラブ諸国、アラブ人 ·······80
アレルギー(反応) ·······85
暗号資産 ·······148
安全保障関連法 ·······23
育児・介護休業法 ·······43
イスラエル ·······79, **80**, 137
イスラム教(徒) ·······14, 80
伊勢湾台風 ·······87
一国二制度 ·······72
一票の格差 ·······150
イラン ·······75, 79, 80
医療崩壊 ·······11～12, 15, 19, 41, 54
隕石 ·······**7**, 95, 131, 137
インバウンド(消費) ·······44
インフォデミック ·······28～31
インフルエンザ
·······9, 10, 15, 16, 44, 57, 136, 139, 142
ウイルス ·······**7**, 8～11, 16, **82～85**, 138～139
ウェアラブル端末 ·······60
ウポポイ(民族共生象徴空間)
·······6, **66**, 131, 137
液状化(現象) ·······151
エコノミークラス症候群 ·······40
エコバッグ(マイバッグ) ·······38～39
蝦夷地 ·······66
エッセンシャルワーカー ·······28, 30, 42
エボラ出血熱 ·······9, 139
エルサレム ·······80
遠距離介護 ·······55
(第一次)オイルショック(石油危機) ·······26, 51
欧州連合 →ヨーロッパ連合(EU)を参照
大阪都構想 ·······20, 57, 130, 137, **148**
オーバーツーリズム ·······45
オリンピック ·······5, 20, 23, **32～37**, 56,
63, 68, 133, 134, 135, 136, 139, 142, 146, 151
温室効果(ガス) ·······39, 151
(地球)温暖化
·······6, **38～39**, 68, 79, 140, 150, 151
オンライン授業 ·······21, **46～47**

か行

外国人観光客 ·······5, **44～45**, 139
外国人労働者 ·······53, 54, **58～59**, 134
貨客混載 ·······148
火球 ·······7, 95
核拡散防止条約(NPT) ·······79
核の傘 ·······79
核兵器禁止条約 ·······**79**, 134, 140
KAGRA ·······**95**, 130, 135
火砕流 ·······151
火星 ·······**94**, 130, 137
活断層 ·······147
桂太郎 ·······135
過労死 ·······43
観光公害 ·······45
関税 ·······70, 71, 75, 76～**77**, 149

環太平洋パートナーシップ協定
(TPP、TPP11) ·······75, 134, **149**
かんばん方式 ·······50
祇園祭 ·······138, 145
気候変動枠組み条約 ·······132, 135, 151
期日前投票 ·······57
岸信介 ·······22
帰宅困難者 ·······151
(外国人)技能実習生、技能実習制度
·······53, **58～59**
逆進性 ·······149
キャッシュレス(決済) ·······61
九州北部豪雨 ·······62, 130, 134
教育格差 ·······46～47
共和党(アメリカ)
·······68, **74～75**, 133, 137, 151
緊急地震速報 ·······96
緊急事態宣言
·······5, **10～13**, 24, 30～31, 42, 44, 57, 60, 66, 136
クーベルタン男爵 ·······34
9月入学 ·······47
(アントニオ・)グテレス(国連事務総長)
·······68, **78～79**
熊本地震 ·······62, 130, 147
クラスター ·······11, 24, 29, 54
クルードラゴン ·······20, 91, 133, 136, 137
グローバル化(グローバリゼーション)
·······9, 14, 138, **149**
軽減税率 ·······134, **149**
経済連携協定(EPA) ·······134, 149
月食 ·······93
ゲノム ·······83～84
限界集落 ·······150
原子爆弾(原爆) ·······34, **78～79**
原子力規制委員会 ·······131
小池百合子(東京都知事)
·······11, 20, **56～57**, 137
(令和2年7月)豪雨
·······4, **40～41**, 62～63, 88～89, 130, 137
合区 ·······150
合計特殊出生率 ·······48
抗原 ·······13, 85
公職選挙法 ·······150
抗生物質 ·······9, 139, 141
抗体 ·······13, **85**, 141
高度経済成長(期) ·······26
高度プロフェッショナル制度 ·······43
高年齢者雇用安定法 ·······49
こうのとり(HTV9) ·······**90～91**, 130, 136
候補者男女均等法 ·······150
国際宇宙ステーション(ISS)
·······20, **90～91**, 130, 136
国際オリンピック委員会(IOC)
·······33, 68, 142
国際通貨基金(IMF) ·······25
国際連合(国連) ·······46, 53, 68, 78～79, 133, 140
　教育科学文化機関(ユネスコ) ·······46
　児童基金(ユニセフ) ·······53
　事務総長 ·······68, **78～79**, 140
　食糧農業機関(FAO) ·······53
黒死病 ·······**14**, 138
国勢調査 ·······**48～49**, 137
国内総生産(GDP) ·······**24～25**, 71, 142
国民皆保険制度 ·······78
国民の祝日 ·······33～34, 146
5G →ファイブジーを参照
古代オリンピック ·······32, 34
子ども食堂 ·······52
COVID-19 ·······**8～9**, 82, 85
米騒動 ·······37
コレラ ·······7, **14～15**, 139
コロナウイルス ·······**7**, 8～11, 16, **82～85**, 139

さ行

SARS ·······7, 9, **16**, 82～83, 139
蔡英文(台湾総統) ·······**72～73**, 133, 135
災害弱者 ·······41
細菌 ·······7, 8～9, **138～139**
最高裁判所 ·······64～65
再生可能エネルギー ·······150
佐藤栄作 ·······22, 137, 140～141
サバクトビバッタ ·······53, 132
サブプライムローン(危機) ·······27
サプライチェーン ·······**50～51**, 59
産業革命 ·······139, 151
(バーニー・)サンダース ·······78
サンプルリターン ·······94
時差出勤 ·······42
自粛警察 ·······31
自然災害伝承碑 ·······150
社会的距離(ソーシャルディスタンス) ·······11
シャクシャイン ·······66
ジャスト・イン・タイム方式 ·······50
重症急性呼吸器症候群(SARS)
·······7, 9, **16**, 82～83, 139
就職氷河期 ·······27, 48
集団的自衛権 ·······23
自由貿易、自由貿易協定(FTA) ·······76, 149
住民投票 ·······20, 57, 130, 137, 148
重力波 ·······**95**, 130, 135
出入国管理及び難民認定法(入管法)
·······**58**, 134
首都直下地震 ·······147
首里城 ·······134
少子高齢化 ·······44, **48～49**, 150
消費期限 ·······52～53
消費税 ·······23, 25, 134, 149
情報通信技術(ICT) ·······60～61
賞味期限 ·······52～53
小惑星 ·······**94**, 134, 142
食品ロス(削減推進法) ·······**52～53**, 134
食料自給率 ·······53
除染 ·······62
(ボリス・)ジョンソン(イギリス首相)
·······68, **76～77**
シルバー民主主義 ·······150
新型インフルエンザ(等対策特別措置法)
·······10, 16, 44, 57, 136, 139
人工知能(AI) ·······21, 148
スーパーコンピュータ ·······**95～96**, 130
菅義偉(首相) ·······2, 6、20, **22～23**, 137
スペイン風邪 ·······**15**, 19, 21, 78, 139, 142
スポーツ庁 ·······37
スポーツの日 ·······33～34, 146
(海洋)生分解性プラスチック ·······39
世界恐慌 ·······24～26
世界文化遺産 ·······134
世界保健機関(WHO)
·······8, **10**, 28, 68, 70, **73**, 82, 132, 136, 137, **139**
(第一次)石油危機(オイルショック) ·······26, 51
積乱雲 ·······88
セクシャルハラスメント(セクハラ) ·······43
世帯主 ·······55
尖閣諸島 ·······71～72
先住民族 ·······66
線状降水帯 ·······88
ソーシャルディスタンス(社会的距離) ·······11
ソーシャル・ネットワーキング・サービス
(SNS) ·······28
即位礼正殿の儀 ·······134, 146

た行

第一次世界大戦 ·······15, 26, 34, 35, 78

158

な行以前

第三セクター……63
大嘗祭……135
第二次世界大戦……26, 34, 35, 78, 142
ダイバーシティ（多様性）……29
台風（9号・10号）……40, 63, **86〜87**, 134, 137
太平洋高気圧……88〜89
太平洋戦争……31, 143
第四次産業革命……148
台湾総統選挙……**72〜73**, 133, 135
高潮……87
田中角栄……73
多様性（ダイバーシティ）……29
団塊ジュニア世代……48
男女雇用機会均等法……43
チバニアン……131, 135
チベット高気圧……89
中東呼吸器症候群（MERS）……7, 9, 82〜83, 139
中東戦争……26, 80
直下型地震……147
冷たい戦争（冷戦）……140, 143
デフレーション（デフレ）……27
テレワーク（リモートワーク）……**42〜43**, 63, 78
天問1号……94
東京一極集中……56
東京国際空港（羽田空港）……63〜64, 131, 136
東京都知事選挙……20, 56〜57, 137
同調圧力……31
逃亡犯条例……72
特定技能……58
特定非営利活動法人（NPO）……52
特定枠……150
特別警報……41, 86〜87
土石流……150
ドメスティック・バイオレンス（DV）……54〜55
（ドナルド・）トランプ（アメリカ大統領）……68, 69, 70, 73, **74〜75**, 80, 133, 134, 137, 149, 151, 152

な行

中満泉（国連事務次長）……78〜79
南海トラフ地震……147
南沙諸島……71〜72
南北戦争……75, 143
二酸化炭素（CO₂）……39, 148, 150
西日本豪雨……41, 134
二重らせん構造……84
日米貿易協定……135, **149**
日食……**92〜93**, 135, 136
日中共同声明……73
日中戦争……34, 142
入管法（出入国管理及び難民認定法）……**58**, 134
熱中症（警戒アラート）……96
ネットカフェ難民……27
ノーベル賞……**96**, 135, **140〜141**
野口聡一（宇宙飛行士）……20, **90〜91**, 137

は行

パーシビアランス……**94**, 133, 137
バーゼル条約……38
バーレーン……80, 137
梅雨前線……88〜89
バイオマス（素材）……39
（ジョー・）バイデン……3, 68, 73, **74〜75**, 78, 133, 137, 151
ハザードマップ……41, **151**
バス高速輸送システム（BRT）……62

働き方改革（関連法）……**43**, 134
ハッピーマンデー制度……33
羽田空港（東京国際空港）……**63〜64**, 131, 136
バブル経済……25, 26
はやぶさ2……**94**, 133, 134, 135, 137
パラリンピック……5, 20, 32, **36〜37**, 56, 63, 134, 151
バリアフリー（化）……150
パリ協定……39, 75, 134, 135, **151**
（カマラ・）ハリス……3, 75, 137
パレスチナ（人）……80
パワーハラスメント（パワハラ）……43
万国博覧会（万博）……132, 142
阪神・淡路大震災……40〜41, 147
ハンセン病……**29**, 139
パンデミック……**8〜16**, 68, 82, 136
東日本大震災……40〜41, 44, 50, 62, 131, 143, 147, 151
非核三原則……79, 140〜141
ピクトグラム……151
非拘束名簿式……150
ヒスパニック……78
非正規雇用（者）……21, 27, 48, **54〜55**
ビッグデータ……60, 148, **151**
5G（ファイブジー）……148
フードバンク……52
フェイクニュース……151
フェーン現象……86
富岳……**95〜96**, 130
福島第一原子力発電所……44, 62, 131, 143
プライバシー……40, **60〜61**
プラスチック（ごみ）……2, **38〜39**
ブラックホール……95
ふるさと納税（制度）……64〜65
ブロック経済（化）……26, 149
ヘイトスピーチ……29, 69, 70, **151〜152**
（広島・長崎の）平和宣言……78〜79
ペスト……7, **14**, 21, 138, 139
（第二次）ベビーブーム……48
偏西風……89
HOPE……94
保護貿易……149
星出彰彦（宇宙飛行士）……90〜91
北海道胆振東部地震……134, 147
ポピュリズム……152
ボランティア（活動）……40〜41, 65
香港国家安全維持法……3, 68, 69, **70〜72**, 133, 136

ま行

MERS……7, 9, 82〜83, 139
マイクロプラスチック……38
マイナス成長……24〜25
マイナンバーカード、マイナンバー制度……61, 152
マイバッグ（エコバッグ）……38〜39
マスク……10〜13, 15, 16, 39, 50〜51, 58〜59, 85, 139
マタニティハラスメント（マタハラ）……43
松前藩……66
マララ・ユスフザイ……140
民主党（アメリカ）……3, 68, **74〜75**, 78, 133, 137, 151
民族共生象徴空間（ウポポイ）……6, **66**, 131, 137
民泊……44
無観客（試合）……32, 37
メディア・リテラシー……28, 152
免疫……13, **85**, 141
猛暑日……130
百舌鳥・古市古墳群……134
モノのインターネット（IoT）……148

や行

有休休暇……43
ユーロ……76
ユダヤ教、ユダヤ人……14, 80, 138
ユニセフ……53
ユネスコ……46
容器包装リサイクル法……39
ヨーロッパ連合（EU）……4, 35, 68, **76〜77**, 80, 132, 134, 135, 140, 149, 152
吉野彰（ノーベル化学賞受賞者）……**96**, 135, 141
吉村洋文（大阪府知事）……20, 28, 57

ら行

（北朝鮮による日本人）拉致問題……2, 22
ラムサール条約……152
リーマンショック……**25〜27**, 44
リチウムイオン電池……141
リニア中央新幹線……130
リモートワーク（テレワーク）……**42〜43**, 63, 78
リュウグウ……**94**, 133, 134, 135, 137
累進課税……149
冷戦（冷たい戦争）……140, 143
レジ袋の有料化……2, **38〜39**, 137
ローマ教皇……135
ロックダウン……11

わ行

ワークライフバランス……43
ワクチン……**12〜13**, 85, 139
忘れられる権利……152
湾岸戦争……143

アルファベット

ＡＩ……21, 148
ＢＲＴ……62
ＣＯ₂……39, 148, 150
ＣＯＶＩＤ-19……**8〜9**, 82, 85
ＤＮＡ……83〜84
ＤＶ……54〜55
ＥＰＡ……134, 149
ＥＵ……4, 35, 68, **76〜77**, 80, 132, 134, 135, 140, 149, 152
ＦＡＯ……53
ＦＴＡ……76, 149
ＧＤＰ……**24〜25**, 71, 142
ＨＯＰＥ……94
ＨＴＶ9……**90〜91**, 130, 136
ＩＣＴ……60〜61
ＩＭＦ……25
ＩＯＣ……33, 68, 142
ＩｏＴ……148
ＩＳＳ……20, **90〜91**, 130, 136
ＫＡＧＲＡ……95, 130, 135
ＭＥＲＳ……7, 9, **16**, 82〜83, 139
ＮＰＯ……52
ＮＰＴ……79
ＰＣＲ（法、検査）……85
ＲＮＡ……83〜84
ＳＡＲＳ……7, 9, **16**, 82〜83, 139
ＳＮＳ……28
ＴＰＰ、ＴＰＰ11……75, 134, **149**
ＵＡＥ……80, 94, 130, 132, 137, 142
ＵＮＥＳＣＯ……46
ＵＮＩＣＥＦ……53
ＷＨＯ……8, **10**, 28, 68, 70, **73**, 82, 132, 136, 137, **139**

〈写真提供〉
AFP ＝時事
AP／アフロ
AP／時事
Avalon／時事通信フォト
Bridgeman Images／アフロ
EPA ＝時事
Featurechina／アフロ
Fujifotos／アフロ
Interfoto／アフロ
JAXA
JAXA/GCTC
JAXA/NASA
NASA
Newscom／アフロ
NIAID-RML／AP／アフロ
PA Images／アフロ
Pasya／アフロ
PPS
Rodrigo Reyes Marin／アフロ
Sipa USA／時事通信フォト
UPI／アフロ
ZUMA Press／アフロ
朝日新聞社／時事通信フォト
アフロ
アフロスポーツ
共同通信社
黒田浩／アフロ
国立科学博物館
国立感染症研究所
国立国会図書館
国立保健医療科学院図書館
参議院事務局
時事
新華社／アフロ
総務省
地域新聞　洛タイ新報
つのだよしお／アフロ
東京大学宇宙線研究所　重力波観測研究施設

東洋経済／アフロ
東阪航空サービス／アフロ
報知新聞社／アフロ
毎日新聞社／アフロ
松尾／アフロスポーツ
松岡健三郎／アフロ
読売新聞／アフロ
ロイター／アフロ

〈参考文献〉
日本国勢図会 2020/21（矢野恒太記念会）
日本のすがた 2020（矢野恒太記念会）
世界国勢図会 2020/21（矢野恒太記念会）
データでみる県勢 2020（矢野恒太記念会）
数字でみる日本の 100 年（矢野恒太記念会）
地理統計要覧 2020 年版（二宮書店）
朝日キーワード 2021（朝日新聞出版）
現代用語の基礎知識　学習版 2020－2021（自由国民社）
最新図説　政経（浜島書店）
理科年表　2020 年版（丸善）

〈イラスト〉
クリエイティブ・ノア

〈編集協力〉
株式会社シナップス

〈デザイン・DTP〉
株式会社シーアンドシー

※10 月 10 日現在の状況をもとに制作しています。

2021 年中学入試用　サピックス　重大ニュース

2020 年 11 月 1 日 初版第一刷発行

企画・編集　　サピックス小学部
　　　　　　　〒 151 - 0053　東京都渋谷区代々木 1 - 27 - 1
　　　　　　　☎ 0120 - 3759 - 50
発 行 者　　高宮英郎
印刷・製本　　三松堂株式会社
発 行 所　　代々木ライブラリー
　　　　　　　〒 151 - 8559　東京都渋谷区代々木 1 - 29 - 1
　　　　　　　☎ 03 - 3379 - 5221

©SAPIX 2020 ISBN978-4-86346-334-9 Printed in Japan　　無断転載を禁ず